人 文 中 国 书 系

中国玉器

于 明 著

五洲传播出版社

图书在版编目（CIP）数据

中国玉器／于明 著；—北京：五洲传播出版社，2008.12
（2011.11重印）
ISBN 978－7－5085－1330－0

I.中... II.于... III.玉器－简介－中国 IV.K876.8

中国版本图书馆CIP数据核字（2008）第058019号

中国玉器

著　　者　于　明
责任编辑　吴娅民
整体设计　田　林
设计制作　北京尚捷时迅文化艺术有限公司
出版发行　五洲传播出版社
　　　　　（北京海淀区北三环中路生产力大楼B座7层　邮编：100088）
电　　话　8610-82004593
网　　址　www.cicc.org.cn
承印者　北京嘉彩印刷有限公司
版　　次　2008年12月第1版
印　　次　2011年11月第2次印刷
开　　本　720×965毫米　1/16
印　　张　8
字　　数　75千字
定　　价　42.00元

目 录

前　言 I

掀开神秘的面纱──玉器概览 3

天地之灵的精华──玉‥‥‥‥‥‥‥‥‥‥‥‥4

文明传承的载体──玉器‥‥‥‥‥‥‥‥‥‥7

中华文明的结晶──中国玉文化‥‥‥‥‥‥‥16

走过神坛的足迹──神玉时代 23

兴隆洼文化玉器‥‥‥‥‥‥‥‥‥‥24

红山文化玉器‥‥‥‥‥‥‥‥‥27

凌家滩文化玉器‥‥‥‥‥‥‥‥32

良渚文化玉器‥‥‥‥‥‥‥‥‥36

龙山文化玉器‥‥‥‥‥‥‥‥‥39

帝王身边的岁月──王玉时代 43

商代玉器‥‥‥‥‥‥‥‥‥44

西周玉器‥‥‥‥‥‥‥‥‥48

春秋玉器⋯⋯⋯⋯53

战国玉器⋯⋯⋯⋯57

汉代玉器⋯⋯⋯⋯62

魏晋南北朝玉器⋯⋯⋯⋯68

进入民间的历程——民玉时代 71

唐代玉器⋯⋯⋯⋯73

宋代玉器⋯⋯⋯⋯79

辽代玉器⋯⋯⋯⋯83

金代玉器⋯⋯⋯⋯86

元代玉器⋯⋯⋯⋯90

明代玉器⋯⋯⋯⋯92

清代玉器⋯⋯⋯⋯99

五彩缤纷的世界——现代玉器 111

附　录 119

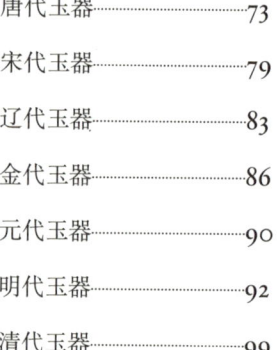

前　言

　　中国是世界文化史上久盛不衰、大放异彩的"玉器之邦"。
中华民族是尊玉、崇玉、爱玉的民族，有着世界上其他民族无法
比拟的八千年的玉文化历史。在漫长的岁月中，玉器被人们赋予
了神秘的色彩，承载着人们的精神寄托，深深地植根于中国传统
文化之中，在社会生活的许多方面，发挥着其它艺术品无法替代
的作用。

　　八千年前，原始先民就开始用美丽的玉制作工具和装饰品。到
了新石器时期，伴随着原始宗教的产生，玉器成为神灵的信物。发
展到商周时期（前1600—前256），祭祀、礼仪的完备，使玉器成
为身份等级的象征。进入汉代（前206—220），随着神仙思想的盛
行，及"事死如事生"观念的成熟，玉器伴葬成为人们追求长生不
死、千年不朽梦想的依凭。虽然在三国两晋南北朝（220—589）社
会动荡时期，玉器制作陷于低谷，但社会一经稳定，从唐宋（618—
1279）至明清（1368—1911），玉器艺术又焕然一新，融入民间，
成为人们讴歌生活、抒发情感的寄托。这些利用天然质地、因材施
艺、巧夺天工的玉器作品，是中华民族聪明才智的结晶，是中国传
统文化广袤星空中灿烂的明星，也是世界文化遗产宝库中璀璨的明
珠。在八千年历史长河中，中国早已经形成了一种独特的玉文化现

明代科学家宋应星 (1587-1661) 在《天工开物》一书中所绘的白玉河捞玉图。

象，历代仁人君子无不将玉推崇为处世之标准、为人之楷模，故有
"守身如玉"的成语。爱玉情结已深深地融入中华民族的基因之
中。源远流长、内涵丰富的玉文化是中华文明的重要组成部分，在
世界文化史上也占有特殊的地位。

掀开神秘的面纱

——玉器概览

天地之灵的精华——玉

　　玉，简单地说就是几种特定的矿石。在古人眼中，玉是温
润而有光泽的美石，玉器就是用这些矿石雕琢而成的器物。由于
这些器物琢制于不同的历史时代，体现着不同的历史背景，承载
着不同的历史使命，因此，玉就具备了自然和社会两方面的属
性。古人是这样解释玉的："石之美，有五德者。"所谓"石之
美"，就是指玉的自然属性，而"有五德者"，则是人们借物象
形，将玉石所具有的光泽温和、内外一致、声音清脆、质地坚
韧、柔中有刚五种品质与人应具备的仁、义、智、勇、洁五种品
德相比附，是玉的社会属性。

　　玉之所以能成为古人眼中的美石，是因为它符合人们心中的

清·碧玉描金编磬
编磬，清代官廷的重要乐器。十六枚为一套，外形
和尺寸均相同，以磬壁的厚薄来区分音之高低，磬
体愈薄发音愈低。

审美标准。从石器时代起，中华民族的祖先就长期与石打交道，在对玉和石进行千百万次的对比、鉴别以后，对玉的特征有了明确的认识，最终将各种质地优于石、凝结天地精华的玉从石中挑选出来。

那么，玉有哪些美的特征呢？

质美。玉料坚硬细密，有古人说的"坚缜细腻"之美；玉料滋润光莹，有古人认为的"温润而泽"之美；玉料杂质较少以至纯净，有古人眼中的"无瑕"之美。玉质美在凝重、温润和纯洁，令人爱不释手。

性美。玉料硬度高，可以长久保存。玉料韧度强，有很强的耐磨性，不易破碎。玉料光透柔和，多呈半透明状，能够充分彰显一种朦胧的阴柔之美。玉料物理性质独特，导热率低，故对冷热变化表现为惰性，适于人们做成项链佩戴或制成小件艺术品放在手中把玩。玉料化学性质稳定，不易受酸碱的侵蚀，能够埋藏地下千万年而不朽。

色美。由于含有不同的元素，玉料呈现出五彩斑斓的颜色，这是玉之美最直观的表现形态。古人将玉的颜色描述为"黄如蒸栗，白如截脂，黑如纯漆"。玉料的表皮也有许多美丽的颜色，如秋梨皮、虎皮等。不同颜色的玉器表现出不同的美感，有着不同的用途。

音美。玉料质地细密，敲之声音远播。玉磬的声音悠扬悦耳、清越绵长，"玉振金声"就是对玉音美的最好诠释。

玉有这么多的美丽之处，那么哪些石是玉呢？

由于各个时代人们对玉的认识标准不同，导致不同历史时期玉所包括的种类范围也不尽相同。和田玉、岫岩玉、独山玉和

绿松石被称为中国四大名玉。除此之外，各个历史时期的玉材还有：翡翠、青金石、孔雀石、玛瑙、水晶、琥珀、珊瑚等。最主要的玉材当属新疆和田玉和翡翠。

新疆和田玉，因出产于新疆和田地区而得名，属于角闪石类，硬度为6—6.5，有山料与籽料之分。山料呈块状，产于昆仑山脉，籽料呈鹅卵石状，表面常覆盖有红颜色的表皮，出产于和田白玉河中。中国古代玉材中以和田玉为最好，从颜色上看，和田玉主要有白玉、黄玉、青玉、碧玉、墨玉，以白玉最为珍贵，白玉中最好的要属白如凝脂的"羊脂白玉"，其特点是白、透、细、润，它的数量甚少，价位很高，是和田玉中的上品。自新石器时代以来，历朝历代都有以和田玉为原料的作品，它们尤其受王公贵族的青睐，对中国玉文化影响巨大。

翡翠，属于辉石类，主要成份是硅酸纳铝，硬度为6.5—7，颜色主要有绿、白、红等，呈透明至半透明状，有玻璃光泽。翡翠原是鸟名，

黄皮和田玉籽料

传说翡为赤鸟，翠为绿鸟，也有说翡翠是一种羽毛红绿相间的鸟，因这种玉的颜色与鸟羽相近，所以称之为"翡翠"。翡翠中以纯正匀净、细腻无瑕、透明度高、绿色浓艳者为最佳。由于翡翠无法从原料的外表来判断其内部的质量，于是就有"神仙难断寸玉"的说法，从古到今，不知有多少人因赌翡翠成色而一夜暴富，多少人也因此瞬间倾家荡产。翡翠原料的主要产地是缅甸，

翡翠原石

中国历史上翡翠作品盛行于清代（1616—1911）中叶，发达于清代晚期。

文明传承的载体——玉器

玉料作为天然矿石，本身虽美，但毕竟是自然之物，正如唐太宗所说："玉虽有美质，在于石间，不值良工琢磨，与瓦砾不别。"只有按照人类的审美需求将其制成器物，并将人类文化信息附着其上，才能体现文化底蕴和人文气质，成为文明的载体和传输器，美得摄人心魄。所以古人说，"玉不琢，不成器。"玉器就是以玉石为原料，按一定的工艺方法和流程雕琢而成的器物。

它山之石　可以攻玉

玉器是怎样制成的呢？首先让我们来了解玉器的制作工具，进而了解玉器的制作过程。

在中国历史上各个时期，玉器的制作工具略有不同，但大同小异，主要是使用砣机制玉。砣机，又叫水櫈，是玉器制作的基

使用铡砣制玉

本工具。它实际上是一架以脚踏为动力的磨床，主轴上可以安装种类不同、大小不一的磨具，又称砣子。当两脚上下踏动木板时，主轴带动砣子进行转动，在砣子与玉料之间添加解玉砂和水，就可以对玉料进行磨制加工。这种制玉方法在明宋应星的《天工开物》中有所记载："凡玉初剖时，冶铁为圆盘，以盆水盛沙，足踏圆盘使转，添沙剖玉，逐忽划断。"这里须要重点了解两种工具——铡砣和解玉砂。铡砣在砣机中的作用相当于现代工业中的砂轮锯，它是铁制的，铁的硬度只有5左右，玉的硬度在6-7之间，可见铁制的铡砣是切不动玉料的，只有在两者之间加入中间介质——解玉砂，才能磨得动玉料。解玉砂由石英砂制成，硬度在7以

【天工开物】
中国古代一部综合性的科学技术著作，作者是明朝科学家宋应星。它记载了明朝中叶以前中国古代的各项技术，分为上中下三篇18卷，并附有121幅插图，描绘了130多项生产技术和工具的名称、形状、工序，被外国学者称为"中国17世纪的工艺百科全书"。

制作解玉砂

上。铡砣的作用在于压住解玉砂，将玉料加工成玉器，也就是说古代玉器的制作是靠解玉砂磨玉来完成的。中国有句名言，"他山之石，可以攻玉"，道出了加工玉器的真谛。巧夺天工的玉器，不是雕刻出来的，而是以砣具借助于"他山之石"——硬度高于玉料的解玉砂，辅以水琢磨出来的，由此，古代制玉又称治玉。随着时代的发展，科技的进步，如今玉器的加工，已有了很大的变化，现在使用的是带有金刚砂盘的电动工具，将解玉砂直接合成在砂轮上，硬度达到7以上，可以直接加工玉料。

　　了解了玉器的制作工具和原理，再来看看制玉的工序是怎样的。玉器制作工序主要有选料、设计、粗雕、细雕和抛光等。

　　玉器制作要因材施艺，一块玉料适合做什么器物，要根据

玉料选定后,要先开料,再进行设计和粗雕等。

玉料的形状、颜色及绺裂情况来决定。一般来说,完整的、体积比较大的玉料,适合做大件器皿;不太完整的、体积较小的可以做小件器物;对于带有皮色的玉料,还可以考虑俏雕。玉料选定后,就可以设计了。

设计是制作玉器的关键,通常来讲,设计者往往要根据玉料的颜色、体积、纹理和形状来构思雕琢题材。首先要最大限度地利用玉料,不能浪费;其次要利用好颜色,产生最佳效果;再次要扬长避短,摒弃绺裂瑕疵。最初的玉器设计图案可以画在纸上,也可以直接画在玉料上。玉料被设计好后就可以粗雕了。

粗雕,是按照设计要求将玉料雕出大概轮廓。主要工作是

【俏雕】

利用玉石的天然色泽纹理,施以适合玉材的雕琢,使作品的造型与颜色达到完美的艺术效果,是玉石工艺独有的一种表现形式。其作品具有独特的造型和斑斓的色彩,是中国古代玉雕技艺与艺术的集大成者。

将玉料大致切割，去掉设计勾线外的余料，形成基本轮廓。在这一过程中要尽量避开玉料内部出现的绺裂，充分利用其优点，使其达到尽善尽美。粗雕非常重要，它是整个玉雕能否成功的基础。

在粗雕的过程中，就须要运用玉器的雕琢方式。玉器的雕琢方式有镂雕、透雕、浮雕和圆雕几种。镂雕是在玉器表面雕出高低错落的图案，比较深但不穿透玉器；透雕是穿透玉器表面，雕出看上去通透的图案；浮雕是在玉器表面雕琢出各种形体，可分为高浮雕和浅浮雕；圆雕雕琢的人物、动物、花卉、瓶炉等形态都是完整的立体形态。玉器粗雕后，就可以细雕了。

细雕，顾名思义就是仔细雕琢，有精细雕琢和精细修饰两个过程。粗雕出来的玉器是一个大概轮廓，必须经过细雕，才能使玉器定形。细雕的过程就是对粗雕的玉器轮廓进一步精细刻划，使要表现的花鸟鱼虫、飞禽走兽、人物山水等图案从粗糙轮廓进入有真实感、有动感、有表情的细微境界。粗雕时用大的切磨工具，细雕则需要细小的磨削工具。细雕完成后还要再进行精细修

精雕细琢

饰，一些容易磕碰损坏的细微部分和难
雕的部分都放在这时完成。细雕
后，就可以抛光了。

抛光，实际上是一种简单的精
细打磨工作，是用抛光工具配以精
细坚硬的抛光粉研磨玉器表面，使
玉器表面原有的粗糙磨痕消失，达
到光亮平滑的过程。

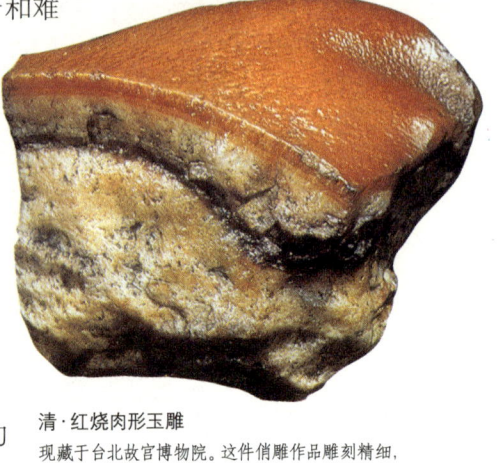

清·红烧肉形玉雕
现藏于台北故宫博物院。这件俏雕作品雕刻精细，
形象逼真，展现了工艺之美。

抛光是玉器制作中非常重要的
程序。无论玉工如何精雕细琢，玉
器表面都会粗糙不平，显示不出玉石晶莹剔透的美丽效果。
只有经过完美的抛光，才能将玉石温润光洁的质感和玉器华
贵脱俗的美感表现出来，从而彰显玉器的高贵品质。

至此，一块玉料经过以上几道程序，就变成一件玉器
了。在它身上，既注入了设计者的艺术灵感和玉工的雕琢技
巧，也附着了当时社会的文化信息，打上了时代的烙印。

丰富的种类　广泛的用途

在中国玉器漫长的发展历程中，对玉怀有独特情感的中
华民族创造了难以数计的玉器作品，其种类之繁多、造型之丰
富、用途之广泛令人惊叹。这些玉器大致可分为这样几类：

礼仪玉，古人在祭祀等礼仪场合使用的玉器。中华民族
是礼仪之邦，古人一个重要的礼仪活动就是祭天敬祖，这些
活动中所使用的玉器就是礼仪玉，主要有璧、琮、圭、璋、
琥、璜等祭祀用具。

【璧】一种有孔的圆形板状玉器。
【琮】一种外方内圆中空的柱状玉器。【圭】一种下端平直，上端呈尖角三角形或平直的长条形片状玉器。
【璋】一种下端平直，上端有一条斜边刃的长条形带状玉器，其形状象半个圭，所谓"半圭曰璋"。【琥】一种圆雕立体伏虎形或片状虎形玉器。
【璜】一种弧形玉器，其形状像是璧的一部分，所谓"半璧曰璜"。

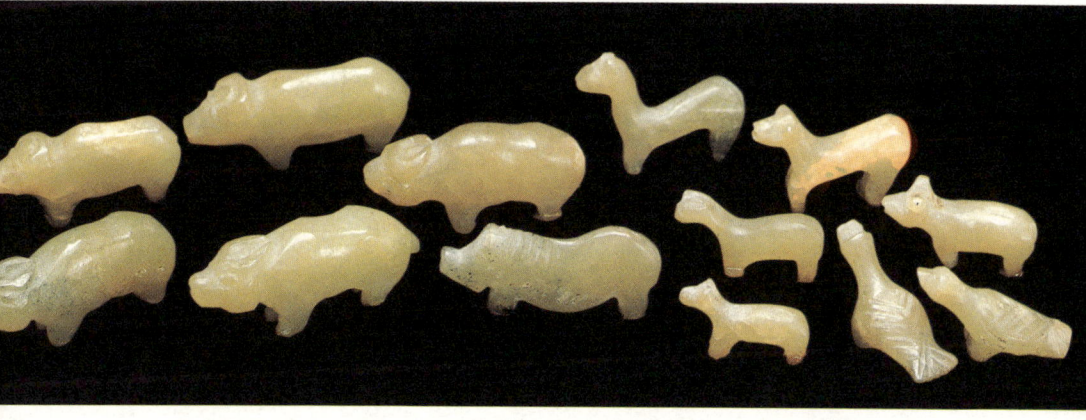

战国·玉雕

湖北省随州市曾侯乙墓出土，共出土21件。器形较小，有牛、羊、猪、狗、鸭等造型，是丧葬玉的一种。

【玉塞】又称九窍塞，"九窍"是指两眼、两耳孔、两鼻孔、口、生殖器、肛门，"九窍塞"即塞在这些部位的九件玉器。汉人认为，九窍可泄精气，精气一泄，尸体即朽，为了保存精气，以玉做九窍塞。

【玉含】也称"唅玉"，是含在死者口中的葬玉，但不同于九窍塞中的口塞，多为蝉形玉。

【玉握】握在死者手中的玉器，体现了古人不忍死者"空手而去"的观念。

等级玉，是历代统治者用以区分社会等级名位的玉器。中国玉器从出现伊始就被打上权力的烙印。主要有玉带銙、朝珠等。

丧葬玉，古人为保存尸体而制造的玉器。中国历史上，人们相信用玉敛尸，可使尸体不朽、灵魂不灭，在此基础上，还能够灵魂升天，获得再生。丧葬玉主要有玉衣、玉塞、玉含、玉握等。

装饰玉，是随身佩带的玉器，也是从古至今中国人一直在使用的玉器，中国玉器最初就是以装饰玉登上玉坛的。装饰玉主要有头饰如玉簪、耳饰如玉玦、颈饰如项链、腰饰如带钩等。

实用玉，是具有实用功能的玉器。中国历史上的权贵阶层和富裕人士，为了享受精致生活，常以玉制作实用品，不过这些玉器与其说是实用品，不如说是装饰陈设品，如斧、刀、铲、锛等生产工具；笔筒、笔洗、镇纸、印盒等文房用

具；炉、瓶、碗、壶等生活用具。

陈设玉，是用于欣赏把玩的玉质工艺品。中国古代的王公贵族、富贾名流、文人墨客喜欢将玉器艺术品陈设在柜格架上或摆置在案头边，既可炫耀财富，又可显示风雅。常见的如玉山子、玉如意、玉动植物人物雕件等。

此外还有宗教玉器、仿古玉器、外来玉器等一些特殊玉器。中国玉器种类繁多，涉及政治、宗教、道德、生活、艺术等方方面面。

多彩的纹饰　富丽的装饰

纹饰就是刻在玉器表面的图案。先民们在劳动过程中，产生了审美和各种心理需求如护身、辟邪等，进而以装饰手段来满足这些需求。他们将自己的愿望、追求，通过玉器上的纹饰表现出来，这些纹饰的起源不是与自然有关，就是与神灵有关：它们中有的和人类生活息息相关，如谷纹，是稻谷的形状，像发芽的种子，乳丁纹，圆形凸起，形状很像突出的乳头，蒲纹，类似蒲席

唐·忍冬纹八曲玉长杯
玉色洁白莹秀，造型为八曲长椭形。杯腹外壁碾琢尖叶忍冬卷草纹。

明·双螭纹玉盏托

的形状，由三种不同方向的平行线交叉组织；另外一些纹饰与自然现象相关联，如云纹模仿天上的云彩，鸟纹模仿鸟的形象；还有一些纹饰是人类想象出来的神异动物类纹饰，如龙纹，是兽首蛇身的组合，后代龙纹更是增加了牛头、鹿角、虾眼、蛇身、鱼鳞、鹰爪等元素，组合成典型的神异图腾形象，饕餮纹，刻画了古代传说中一种贪婪的恶兽，是龙生九子之一，螭纹，描述的是古代传说中的一种出没于山林的害人怪物，形状类似于壁虎……这些神怪兽纹均反映了古人头脑中的鬼神崇拜意识。

图必有意　意必吉祥

对玉器情有独钟的中国人往往愿意将玉人格化，使其成为品德、礼仪、权力、吉祥的象征。中国玉器图案大多"图必有

意，意必吉祥"，这些图案题材广泛，并形成了比较固定的比喻与象征。以龙、凤、象、羊等表示祥瑞，表现为龙凤呈祥、太平有象、三羊开泰等图案；以牡丹、芙蓉、海棠、苹果、柿子等表示富贵，表现为满堂富贵、富贵平安、一路荣华等图案；以蝙蝠、佛手、壶等表示多福，表现为福从天降、五福临门、洪福齐天等图案；以猴、鱼、公鸡、鸭子等表示利禄，表现为马上封侯、鱼跳龙门、五子登科等图案；以松、柏、桃、龟、鹤等表示长寿，表现为龟鹤齐龄、松鹤长春、蟠桃献寿等图案；以獾、喜鹊、蜘蛛等表示喜事，表现为欢天喜地、喜上眉梢、喜从天降等图案。

一代一代，人们就是这样通过图案、文字、谐音来抒发自己的情感，寄托自己的希望。

中华文明的结晶——中国玉文化

中国玉文化是以玉石为载体，反映社会物质文化和精神文化面貌的一种文化现象。玉文化贯穿整个中国文明史，它萌芽于新石器时代早期，产生于新石器时代中晚期，发展于历代奴隶制和封建制国家时期。它渗透到社会生活的各个领域，植根于华夏民族的心灵之中，在中华文明史上占有重要的地位。

玉是通神的媒介物

在远古自然崇拜的年代，人们威慑于玉的神奇瑰丽和珍贵难得，却又无法正确认识玉的真正来源，便认为它是天地之灵化生、山水之神凝聚而成的"神物"。孔子说过，"山之精为

东汉·长乐玉璧

现藏于故宫博物院。上部镂雕篆书"长乐"二字及双螭。此璧深得乾隆皇帝珍爱，一直为宫廷陈设品。

玉。"在古人看来，玉既然是神灵之物，就应该有灵异之功，因而他们便赋予玉神奇的功能。

在中国古代，当古人对自然界的不测风云和人世间的旦夕祸福束手无策时，只能求助神灵的保佑，这时古人就把玉器作为沟通神灵、驱除邪魔、祈求吉祥的媒介物。人们将自己祈求吉祥的愿望通过刻在玉器上的图案和吉祥语表现出来，如东汉的"长乐"璧和明清的"福寿双全"佩等。与此同时，人们还把驱邪避凶的责任也寄托在玉器身上，古代所谓的"压胜佩"就是为了这个目的而产生的。

玉是权位的标志物

以玉器显示权力、地位的现象在新石器时代晚期就已出现，这表明了当时社会已经分化，统治集团已经形成，并行使着政治、军事、宗教等各方面的统治权力。周代（前1046—前256）以后，统治阶级为了维护封建礼制，制作了大量的玉制礼器和礼仪佩饰，作为权力的象征和等级的标志。《周礼》等文献详细记载了西周体现等级功能玉器的名称、形制、规格与用途，可见当

时用玉制度森严、繁密。此后，历朝历代都对不同的等级持何种礼器、佩何种玉饰作了严格的规定，以避免等级的混乱与僭越，如唐代（618—907）以后使用的玉带銙，清代（1616—1911）使用的翎管、朝珠等。只有贵为天子，才能使用全部由和田玉制成的器物，其他各阶层只能等而下之，名位相当，不得使用全玉制成的器物。

玉是德操的象征物

古人将玉本身所固有的自然品质和人们对于善恶、是非、荣辱、美丑的观念糅合在一起，并加以拟人化的解释，作为评价和判断人们行为的标准，形成了"君子比德于玉"的观念，由此产生了"玉德"学说。这种学说在中国玉文化史上流传最广、持续最久、影响最深。它使玉从"玉性美"升华到了"人性美"的境界。

西周·玉组佩
山西省曲沃县晋侯墓地出土，为墓主生前的佩玉，由282件形状各异的玉器组合而成。

"玉德"理论在形式上的表现，是"古之君子必佩玉"，"君子无故，玉不去身"的佩玉制度。玉被赋予丰富的道德内容，成为人们德行操守的最好体现，佩玉成了君子有德的象征，因而君子必须佩带它。由于人行走时玉佩会发出声音，并且只有在步伐不疾不徐、节奏适中时，才会发出富有韵律、悦耳动听的声音，这就要求君子走路时温文尔雅，来去

佩玉在中国古代是君子有德的象征。

光明正大，佩玉也成为君子行动光明磊落的标志。

玉是富贵的显示物

玉既为天下至美之物，又具沟通神灵之力，且为德行操守之师，焉有不成为人间至宝之理？自古以来，玉即作为国之重器和传家之宝世代流传。自史传说秦以价值连城的"和氏璧"刻传国玉玺后，历代帝王皆以美玉为宝玺，成为天命皇权的象征。我们在形容一个家庭的富裕程度时，常常用"金玉满堂"来比喻。中国四大古典名著之一的《红楼梦》中就这样形容贾家："贾不

假，白玉为堂金作马。"以白玉为堂，黄金作马，其富裕程度可想而知。玉器的财富观念在清代被演绎到极致。近代赵汝珍在《古玩指南》一书中这样描述："凡京中之中上等社会人物，无不腰缠累累叮叮当当者，居则以玉为消遣之品，行则以玉为表示富厚之征，朋友相见，必以所得之玉相夸示，集会谈话，必以玉为主要论题。居家无玉，宛如非士夫之宅第，服饰无玉，直同非完整之衣履，身上无玉，似不便与友朋相会，无玉之知识，宜不能插入友朋集会谈话。玉之重要如此，故社会人士无不竭力以求之者。"可见玉的物质财富价值，已经成为衡量当时上流社会家庭富裕程度和个人学识高低的标准了。

《红楼梦》——中国玉文化的集中表现

《红楼梦》，原名《石头记》，是中国古代四大名著之一。

《红楼梦》中用"白玉为堂金作马"来形容富裕的贾家。

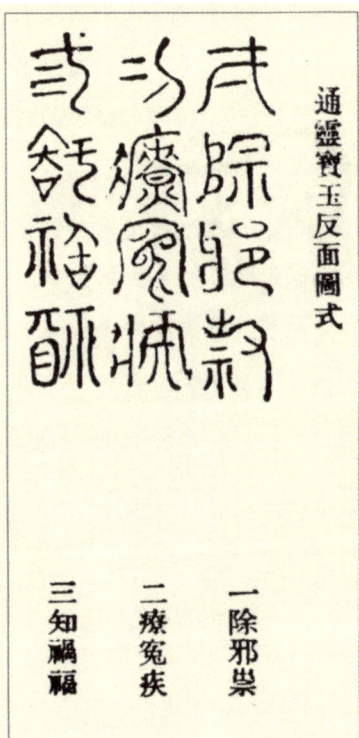

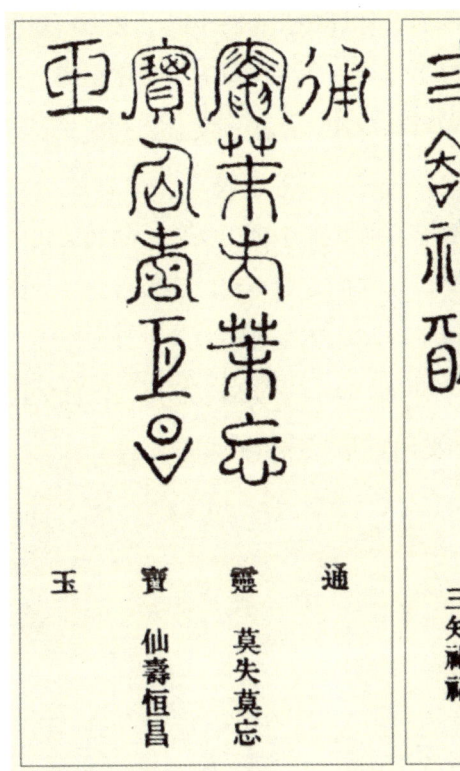

《红楼梦》中通灵宝玉正反面图式

小说中的贾宝玉衔玉而生，以此为线索，展示出一段曲折动人的爱情故事。贯穿全书以及关系宝玉一生福祸的"通灵宝玉"被视为大观园兴衰的缩影与真实写照，玉在人在，玉亡人亡，玉已经成为宝玉个人人生荣辱、家族兴亡更替的象征。此玉正面除镌"通灵宝玉"四字外，还刻了八个字："莫失莫忘，仙寿恒昌"；反面亦刻有十二字："一除邪祟，二疗冤疾，三知祸福"。从正反面这几行字来看，这块通灵宝玉是吉语佩和压胜佩的合体。书中以女娲补天的故事作

为通灵宝玉的伏笔，前后呼应，环环相扣，将中国玉文化巧妙地融入故事情节中。《红楼梦》体现了作者深厚的玉文化功底，充分反映了古人对玉文化的理解与应用，是通过文学艺术形式表现中国玉文化的代表作。

自新石器时代早期绵延至今灿烂的中国玉文化，随着文化长河的向前不断延伸。综观中国玉器的发展历程，大致可划分为四个阶段，即新石器时代玉器为神灵专用的神玉时代，夏商至汉代玉器为王公贵族专有的王玉时代，隋唐至明清玉器融入民间的民玉时代和传承并弘扬古代玉文化的现代玉器时代。

走过神坛的足迹

——神玉时代

新石器时代距今一万到四千年。新石器时代中晚期玉器带有神玉的性质，实际上是一种礼仪用玉。原始人类在长期的生存斗争中，出于对各种自然和社会现象的迷茫、误解等原因，出现了早期的原始神灵崇拜，并逐渐发展到由专人持有特殊的工具执行祭祀的使命。在新石器时代，玉器是最重要的礼器形式，礼器的作用主要是通神，因此，这一时代被称为玉器的神玉时代。

兴隆洼文化·右眼眶嵌玉玦人头骨
内蒙古自治区敖汉旗兴隆洼遗址4号居室墓出土。玉玦嵌入墓主人的右眼眶内，起到以玉示目的作用。

迄今所见最早的玉器，是东北地区兴隆洼文化的玉器，它们证明了中国玉器及玉文化在新石器时代早期即已初步产生和形成。此后，广袤的华夏大地上，从北到南，自东至西，形成了分布广泛、点面结合的玉文化区域，展现出星罗棋布、遍地开花的繁盛景象。新石器时代玉器开始于兴隆洼文化，结束于龙山文化。其中，东北辽河地区的兴隆洼文化玉器、红山文化玉器，江淮地区的凌家滩文化玉器，西北黄河上游的齐家文化玉器，长江中下游的石家河文化玉器、良渚文化玉器，以及遍布全国的龙山文化玉器，是这一时期玉文化的杰出代表。

兴隆洼文化玉器

兴隆洼文化位于东北辽河地区，因内蒙古赤峰市敖汉旗兴隆洼遗址而得名，距今八千年左右。兴隆洼文化玉器是迄今中国所

兴隆洼文化·玉玦

玉玦为一对，呈黄绿色，器体均呈圆环状，一侧有一道窄缺口，是兴隆洼文化的玉礼器。

知年代最早的玉器，被认为是中国玉文化的源头。

为什么说兴隆洼文化玉器能够成为中国玉文化的源头呢？客观原因上，这一地区有丰富的玉材资源，人们能够将玉材从石材中分辨出来；同时，当时的人们拥有较发达的石器加工技术，并将其运用于玉器加工。这些都是玉文化产生的物质基础。当时的玉器器型较小，品种较少，最主要的品种就是玉玦。

此外，兴隆洼人特有的审美理念及用玉制度是玉文化起源的主观原因。当时玉器的用途已具备社会文化含义。在它之前，一些旧石器时代遗址中也出土过玉质的生产工具，并有明显的使用痕迹，但这些实用工具与其它石质工具没有本质区别。也就是说，那时的玉还是被人们当作石来用，并没有从石中分离出来，制成玉器只是个别和偶然的现象，不是有目的的社会普遍现象，玉器的人文特征也无从体现，因而不能作为玉文化起源的证据。但兴隆洼文化玉器不同，它的用途已完全从实用器中脱离出来，

25

人们已经具有较成熟的用玉理念，形成了较规范
的用玉制度。比如，其标志性器物之一的玉
玦，呈圆环形状，边侧有一道窄缺口，使
用方法是将其缺口朝上，夹在女性的耳
垂上。这一器物，最初可能是女性的
装饰品，但它这时已经超越了装饰品
的意义，成为专用的通神工具。

　　在兴隆洼文化的中期聚落——
内蒙古赤峰兴隆沟遗址出土了一对玉
玦，出土时玉玦位于墓主人的两耳旁，
明确地显示了玉玦是夹在耳垂上使用的。
兴隆洼文化时期的社会形态是母系社会，女
性既是掌权者又是通神的承载者，夹在耳垂上的
玉玦是她们和上天沟通的工具。当氏族部落发生重
大事件，需要作出重大决策时，她们认为可以通过
夹在耳垂上的玉玦，听到上天的声音，进而作出相
应的对策。可见，兴隆洼文化玉器，虽然以佩戴为
形式，但它们绝不是简单的装饰品，而是被赋予了
社会人文内涵，成为人与上天沟通的媒介。人们主动寻找玉并将
其从石中分离出来，制成玉器，使其承载社会的精神寄托及文化
理念，表现出一种全新的用玉理念，从而形成了中国玉器的社会
文化性质。

　　兴隆洼文化玉器开创了中国玉器的华美篇章，并为此后以
红山文化玉器为代表的史前北方玉器中心的形成奠定了坚实的
基础。

兴隆洼文化·人面形玉饰
黄褐色，呈椭圆形。正面偏上有两道
弯弧形的凹槽，代表双目。左右两侧
各有两道上下对称的浅凹槽，分别
嵌入三角形蚌壳，代表嘴及牙齿。可
能是兴隆洼人眼中的神灵形象。

红山文化玉器

　　红山文化是东北辽河地区的新石器时代文化，因内蒙古赤峰市红山后遗址而得名，距今六千到五千年。红山文化时期宗教活动极为发达，红山文化玉器是以圆雕动物为主体的造型艺术，用途是服务于原始宗教活动。

　　在中华文明的进程中，红山文化玉器起到了重要的作用。红山文化时期，人类正在从蒙昧时期向文明阶段过渡。这一时期随着氏族部落数量的增加，迫切需要凝聚氏族部落内部的力量，而这种凝聚力主要通过敬天祭祖的祭祀活动来实现。红山文化玉器，在当时的祭祀活动中起到了沟通人与上天及人与祖先的礼器的作用，与原始信仰、图腾崇拜等相结合。那些动物造型的玉器如鸟、猪龙、龟等，被缝缀在巫师的法衣上，当氏族部落遇到重大事件，如外族侵略、突发灾难等，巫师就要穿上缀有玉器的法衣，开始作法，与上天和祖先沟通，倾听他们的旨意，而那些缝缀在法衣上的玉器，就是沟通上天、祖先和人之间的纽带。因而，谁占有了玉器，谁就拥有了通天的特权，进而具有了传达上天旨意、决定部落命运的权力。红山先民把玉看得神圣无比，在玉器的制作与使用上都倾注了

红山文化·玉人

玉色淡绿，玉人双腿并立，前额有发髻、面部圆润、五官清晰，双臂曲肘扶于胸前。雕刻线条宽短而概略。背脊隆起。可能是红山人崇拜的祖先神。

27

红山文化·玉猪龙

淡绿色，夹杂褐色沁斑。头部较大，体卷曲如
环。双目呈圆形，略外鼓，颈部对钻一孔。

长28.6厘米、宽9.5厘米、最厚0.6厘米。这是迄今已知红山文化玉器中最大的一件，无论从体积上，还是造型上，都有一种威严神秘的感觉，是一件宗教祭祀用玉。

巨大心血。也正是因为有了玉器，当时的部落在面对战争、灾害时敢于决策，这就对部落之间的融合起了一定作用，促使人类一步步走向文明。所以说，红山文化玉器是人类文明的助推器。

红山文化玉器的材料，绝大多数是透闪石，主要出自辽宁岫岩细玉沟一带玉矿，这一带的玉矿多数分布在山顶并暴露在外，但即使有这样的开采条件，在当时开采也绝非易事，需要具有相当高的开采技术。红山先民先在玉料的矿体上寻找裂隙，再将木头插入裂隙点燃，达到高温后，迅速浇水降温，经过这一热胀冷缩的过程，玉料就会崩裂，被开采出来。这种开采方法很原始，但非常实用。

红山文化广阔的地域内均有玉龙、玉猪龙、玉鸟、勾云形玉佩等器物出土，并且造型和风格惊人地一致。仅以玉猪龙为例，迄今已出土、采集到十多件。令人惊奇的是，这些器物的出土地点相隔上千公里，但造型惊人地一致，都是猪首形：大耳朵，圆眼睛，体蜷曲如环形，背上有对小穿孔，

【透闪石】
由白云石和石英混合沉积后形成的变质岩，晶体常呈辐射状或柱状排列。

只是体积大小有所差别。其它器物也大多如此。这表明，当时玉器的设计制作，严格遵循着一定的规则，也就是说，红山文化时期对沟通上天的玉器的造型和纹饰是有严格要求的。至于器型何以如此相像，有两种可能：一是所有玉器都由一个部落统一制作，通过某种形式交流到其它部落；二是各个部落制玉人之间互相交流的结果。

由于玉器在当时太珍贵了，以至于人死后最高的待遇就是随葬玉器，其他器物一概不值得随葬，从而形成了红山文化独有的"惟玉为葬"现象。随葬玉器的多少，也就代表了墓主人地位的高低。辽宁省建平县牛河梁遗址五号墓就是一处典型的红山文化"惟玉为葬"墓。墓主人是一男性，在他的头两侧有两件大玉璧，胸前有一件勾云形玉佩和一件玉斜口平底筒形器，左手腕上戴只玉镯，左右手还分别握有一只玉龟。这些玉器，一定是他生前经常使用的祭祀用玉和巫术用玉，估计他本人是部落首领或大巫

辽宁省建平县牛河梁遗址一个典型的"惟玉为葬"墓。

红山文化·玉龙
内蒙古自治区翁牛特旗三星他拉遗址出土。

师，生前位高权重，死后只选择了玉随葬，显示了玉的重要。

红山文化玉器给世人留下了一件最宝贵的遗产——玉龙。龙是中华民族的象征，是几千年来人们崇拜的神灵偶像。龙在古代传说中，是兴云布雨的神灵，是神通广大、影响深远的动物神和天神之一。古人企盼风调雨顺、年景丰收，就会千方百计献祭于龙神。

红山文化玉龙的发现很偶然。在内蒙古赤峰市翁牛特旗有一个名叫三星他拉的村庄，这个村子的北部是群山，在其中一座山的南侧，有一片辽阔的丘陵地。1971年春的一天，人们在这里植树造林，一位农民在挖土时，他的铁锹触到了一个坚硬的东西，挖出来一看是一件玉器，当时他没把它当回事，拿回家给小孩当玩具。当地的文管部门知道后立即将之征集到了国家文物部门，就这样，中国最早的玉龙被发现了。该玉龙通高26厘米，是用一整块碧绿色岫岩玉圆雕而成的。它的身体卷曲内弯呈"C"字形，刚劲而有力度，头部较长，嘴紧闭，前伸略上翘，鼻前端平直并有对称的两个圆形鼻孔，双眼微呈梭形，眼尾上挑，额及颚底有细密的网格纹，颈背部飘有一长鬣，高扬而有生气。玉龙整体造型极其协调，气质昂然脱俗。这件玉龙的发现反映了红山文化先民已经产生了对龙的敬畏和崇拜，其古朴的造型、简练的雕琢

技法，对了解中国早期龙的形象具有珍贵的史料价值，故被称为"华夏第一龙"。

红山文化玉器有其深刻的内涵，反映了当时的社会精神现象。红山文化是中国玉文化极为灿烂的时代，为中国玉文化奠定了基础。

凌家滩文化玉器

凌家滩文化是中国南方江淮地区的新石器时代文化，因安徽省含山县铜闸镇凌家滩村遗址而得名，距今5500至5300年，与北方的红山文化时代基本一致，是新石器时代玉器文化的又一重要发现。

凌家滩文化·直立玉人
玉色为灰白色。玉人可能是凌家滩人崇拜的祖先神。

凌家滩文化·鹰形玉佩
灰白色。鹰作展翅飞翔状，首向一侧，眼睛用一对钻的圆孔表示。两翅各雕一猪头，腹部规整，刻划一圆圈，内刻八角星纹，尾部雕刻扇形齿纹。

在史前所有玉器文化中，凌家滩文化玉器器型最为丰富，最有代表性的有玉人、玉龙、玉龟、玉刻图长方形片、玉斜口平底筒形器、玉喇叭形饰。其众多的玉器造型极大地丰富和发展了中国玉器形制。其中一件重76公斤的玉猪，更是史前玉器中的顶级硕大玉器。

凌家滩文化玉器制玉工具已经非常先进，既有高级的砣具工具，用于制作玛瑙等质地坚硬的器物，也有坚硬薄锐的线刻工具，用于刻

划器物的纹饰。阴刻、浮雕、圆雕、透雕等技法，以及切割、钻孔、打磨技术此时都达到了相当高的水平。凌家滩玉器的精美主要表现在小件玉器上，以玉喇叭形饰为代表，形体极为规整，做工一丝不苟，最细小孔孔径仅为0.1厘米，且逼近器物的边缘，精细之极。

凌家滩文化器型丰富，风格多种多样，它所表现出来的文化内涵必然丰富。与红山文化相似，凌家滩文化玉器也具备原始巫术文化的内涵。原始巫术在新石器时代非常盛行，日常生活中的占卜活动十分频繁。2007年凌家滩文化遗址出土的玉占卜器——玉斜口平底筒形器出土时，器内仍插有玉占卜签。玉刻图长方形

片、玉龟、玉鹰、玉龙和玉人等玉器造型新颖，寓意神秘，蕴含着原始八卦、太阳崇拜、原始天文学、原始礼仪以及原始巫术、葬俗和文明起源等丰富的信息，形象地描绘了当时社会生活的状况。凌家滩文化玉器，是中国史前用玉的又一高峰。

玉斜口平底筒形器是凌家滩文化玉器留给世人的一件代表作。红山文化玉器中也有一些玉斜口平底筒形器，过去人们不知其用途，一直以为是冠形饰。而凌家滩文化遗址发现的这件器物，口部微斜，底部垂直，整体呈中空筒形，出土时，玉占卜签仍插在其中，证明了这是一件巫师的占卜工具。中华文明五千年连续不断，过去尚没有发现一件五千年来一直连续使用的器物，而玉斜口平底筒形器的出土实证了这一连续不断的过程。今天人们走进一些庙宇，仍然会在祈求平安愿望的驱使下，在卦筒中抽上一只签。这一幕，和五千年前是多么相似啊！只是今人抽上一签的心态，可能就是预测一下未来，娱乐一下自己而已。而五千年前的情景，则是在众人顶礼膜拜的气氛中，由身着法衣的巫师抽出这可能是决定部落命运的一签。沧海桑田，斗转星移，中华

凌家滩文化·玉斜口平底筒形器

凌家滩文化·玉刻图长方形片

民族文化的传承却一如既往。

　　凌家滩的另一件玉器——玉刻图长方形片则具有天文学的意义。玉片正面四边分别铭有圆孔，中央阴刻两个大小不等的同心圆圈，其中较小的圆圈内，有一个方形外加八角的图案。大小两个圆圈之间，有放射线箭头。在大圆圈和玉片四个角之间，亦刻有四个箭头纹。古代天文学中，大圆圈代表宇宙和季节的变化。《周易·系辞》载："易有太极，是生两仪，两仪生四象，四象生八卦。"这里所说的"太极"，又称天一，在天文历法概念上指北极，古人赋予它至高无上的地位。"两仪"，是指天和地，又称阴阳，阳为天，阴为地。古籍中曾有"天圆地方"之说，故玉片中的圆圈可能象征天，方形图形可能象征地；玉片中心图形的四方、八角与周围箭头等图形，与《周易》中所载四象、八

卦，及古籍所载天圆地方的概念十分吻合。而四象和八卦，在中国古代季节的概念中，相当于农历的四时八节。据此推断，玉片图形极有可能就是凌家滩人对天文地理的直观描绘，它证明了早在五千年前，中国就出现了历法。

玉器是凌家滩文化最精彩的华章，温润光泽的玉不仅娱乐着神灵，滋润着显贵者的生活，也成为芸芸众生的渴望与追求。权势人物墓葬中随葬的玉器多达数百件，可见凌家滩文化时期，整个社会对玉器的重视。中国神玉时代至此进入了一个高峰。

良渚文化玉器

良渚文化是长江下游太湖地区的新石器时代文化，以浙江省杭州市良渚镇遗址而命名，距今5000至4500年。良渚文化玉器是一种以几何形为主体的造型艺术，它突破了以往玉器缺少装饰的状况，在器物表面进行了大量纹饰装饰，从而提高了器物的表现力，特别是那种气势恢宏、繁密细致的神徽图纹，极大地提高了玉器作品的艺术表现力和视觉冲击力，谱写了中国新石器时代玉器又一辉煌篇章。

目前考古发掘出土的良渚文化玉器数量，已超过万件，加上海内外博物馆及私人收藏约万件，估计全世界范围内良渚文化玉器的总量在两万件左右。这样巨大的存世量，是其它史前玉器文化所无法比拟的，既说明了当时玉器制作与使用规模的恢宏与巨大，也折射出玉器在当时社会广泛而深刻的影响。

良渚文化玉器的工艺水平达到了史前玉器制作的高峰，代表了当时中国南方玉器制作工艺的最高水平。大块玉料制作的玉琮、玉璧，对玉料开采和切割有很高的要求。它吸收了凌家滩等文化玉器工艺的技术，雕刻工艺已相当成熟，阴线刻划细如发丝，繁密而又极富规律。玉工能在高约3厘米、宽约4厘米的范围内，雕刻出由数百条线条组成的完整神徽图案，这对阴刻线的技术要求之高达到了极端，就是在现代工具的条件下，人们也极难复原当时良渚文化玉器的这种阴刻线制作工艺。

良渚先民之所以如此钻研制玉工艺，无非是为了刻划繁复而神秘的纹饰，并运用这种特殊的艺术语言来沟通人与神的世界。良渚文化玉器中最具神秘色彩的莫过于神人兽面纹图案，其基本结构都很相似——神人面目夸张，头戴高大华丽的羽冠，骑在神兽之上。它表达了人骑兽上天与神祖交流的含义，说明了新石器

良渚文化·神人兽面神徽
该图案表示了一个半人半兽的神灵概念。

时期人们通过玉器来沟通上天的理念，是"神玉"概念的最好诠释。这种抽象的氏族"神徽"遍布玉琮、玉钺、玉锥形器之上，成为良渚文化玉器上最具特色的标记，是良渚文化玉器的灵魂。先民们把对神灵及祖先的敬仰，全部倾注到了他们所琢制的玉器上，在珍贵神奇的玉料上，通过这种神人兽面纹组合，表达了他们情感世界深处渴望与神灵沟通的愿望，希望在祭祀时，神灵和祖先能听到他们的祈求，满足他们的需要。

　　1986年在浙江省余杭县反山良渚文化12号墓出土了一件举世闻名的玉琮，号称"玉琮王"，此器高8.8厘米，孔径4.9厘米，玉琮整体呈方形，上下两端则呈圆璧形，中心有一圆孔上下贯通。四面各有两组神人兽面纹，每组图案都是一样的：上部是神人形象，神人的脸呈倒梯形，大眼，宽鼻，阔嘴，头戴刻有放射性羽毛纹和卷云纹的冠，面部和冠帽都是微凸的浅浮雕；下部是一个兽的形象，大眼，眼之间有短线相连，阔嘴，有两对獠牙，下肢作蹲踞状，足为三爪。琮的四角，有简化的神人兽面纹。

　　这种造型，饱含着先民的用玉理念。在中国史前时期，流传

　良渚文化·玉琮

良渚文化·三叉形玉器
玉质沁为黄白色,三叉平齐,底端圆弧,中叉上有贯通直孔。

着"天圆地方"之说。古人用以祭天的璧是圆形的,所谓"璧圆像天",而用于祭地的琮则是方形,每面中心有一凹槽将整器分割成八组面,意味着"八方像地"。这件玉琮四壁为方柱形体,象征大地;两端圆璧代表着天。而琮体中心上下穿透的圆孔,可能就是良渚先民眼中的通天地之道,是良渚文化先民天地观、生存观的真实写照。

大量玉器的发现,使人们深刻地感受到良渚文化时期,原始宗教艺术震撼人心的神圣之美。这些玉器构思之巧妙、制作之精良,令人对中国史前玉器有了一种全新的认识。

龙山文化玉器

龙山文化是黄河下游地区的新石器时代文化,因1928年首次发现于山东省章丘县龙山镇城子崖而得名,距今4000至3500年,已进入初级文明社会。这一时期是中国古代社会发生根本变革的时

龙山文化·兽面纹玉铲

期，社会生产力较之以前得到了空前的发展。

由于龙山人已经掌握了冶铜技术，并将冶铜技术应用于制玉行业，所以此时的玉器制作更加精致，已经出现了和后来基本相似的工艺技术。开始出现镶嵌工艺，如山东出土的玉钺，上部孔内嵌有绿松石，开了中国玉器此类工艺之先河。

中原地区是传说中黄帝和炎帝的活动范围。中原龙山文化时期是一个战争四起、城堡林立的古国时代，多数古城不仅是一个带城墙的村寨，而且是一个政治、军事、经济和宗教的中心，即最初的王都。龙山文化的玉制礼器，如斧、钺等，是一种具有原始宗教信仰和政治理念的玉器。祭祀工具开始成为等级权力的象征物，虽然其形制与同时期的石器相差无几，但大多无使用痕迹，这些玉礼器完全脱离了劳动工具的范畴。这标志着在当时的生产和军事领域已经出现了特殊权力阶层，这些玉制的工具、兵器成了他们权力的象征物。这些器物上往往刻有复杂的纹饰图案，这种在玉器上尽情表达个人意念的做法，标志着玉器开始与人接近，即将走下神坛，成为王公贵族的专属品。

　　龙山文化玉器在造型和风格上，整体呈现出东北、江南两大玉文化相交融的态势，同时还出现了许多以前没有的新器型，最具代表性的是玉圭。龙山文化的玉圭是神玉的标志性器物。玉圭作为礼器，是祭祀天地祖先时所持的神器，它上可通天娱神，下可祭祖安民，起到天人沟通、人神交融的重要作用。

　　1963年，文物工作者在山东日照两城镇农民家中征集到一件玉圭，形制为长条形，上端为平刃稍弧，形如石铲，高18厘米，最宽4.9厘米，最厚0.85厘米。它以美玉琢制，下半部用阴线雕刻出抽象的神祖面纹，面纹中的圆眼十分醒目。这一图案，代表了龙山人希望无所不能的上天和祖先降福氏族，保佑氏族繁衍昌盛、永无灾祸的愿望。

　　在故宫博物院里，藏有一件举世闻名的龙山文化鹰攫人首佩。该佩长9.1厘米，宽5.2厘米，由青色玉料片状透雕而成。上部为一圆目、勾嘴、长冠、侧视、展翅之鹰，鹰的双爪下各攫一五官端正、长发披肩的侧面人首。这件玉器反映的很可能是龙山人以人首祭祀图腾的情形。据文献记载，史前中国山东等地是多图腾流行地区。河北省、陕西省等龙山文化遗址中都发现有利用废井、窖穴埋葬首身分离的人体的情况。那些人头的埋葬坑，可能就是用于人首祭祀的，只是不知这些人首是本部落人，还是来自

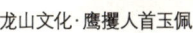

龙山文化·鹰攫人首玉佩

战争中的俘虏。

温润神奇的史前玉器无声地诉说着没有文字的历史,一件件镌刻着远古神秘纹饰的玉器,代表着先民对天地之神虔诚的信仰。新石器时代玉器脱离了早期玉器简单的审美装饰意义,担负起了沟通神灵、祖先的神圣使命,披上神秘的外衣,成为人神沟通的媒介物——神玉。它们构成中国传统文化的基石,成为中华文明的见证,在中国历史舞台上扮演着重要的角色。

帝王身边的岁月

——王玉时代

从商至魏晋南北朝时期，玉器走下神坛，进入社会生活。但能与它亲密接触的绝非普通人，它只是皇亲国戚、王公贵族的专用品。中国玉器走到了王玉时代。这一阶段，中国社会经历了从奴隶社会到封建社会的转变，社会形态发生了巨大变化，社会生活也随之变化，中国玉器不断展现出奇丽的新姿，进而也丰富了中国玉文化。

商代玉器

公元前16世纪，商族击败夏王朝，建立了商王朝（前1600—前1046）。由于商代早期屡次迁都，而且不断征服邻族，每到一地，都学习当地先进的技术和文化，因而商代文化的内涵特别丰富，千姿百态的商代玉器，是继承和发扬早期玉器精华的结晶。

在商代，玉器与青铜器并行发展并相互影响，这是高度发达的商代文明的重要标志之一。商代玉器之所以成就非凡，主要原因是商代刚刚步入文明社会不久，已完成手工业与农业的社会大分工，制玉业已成为独立的手工业生产部门，并出现了一大批具有极高技艺水准的玉工。商人注重学习和继承前人的制玉经验和用玉制度，并在此基础上创新和发展，加之国家对制玉业的高度重视和倡导，使得商代玉器达到了新的高峰。

鬼神文化是商代意识形态的中心内容。商人有多种祭祀活动，将玉器与神灵相结合，是商人用玉的最大特色。商人认为通过祭祖能够得到庇护，通过祭神能够获得幸福，那些刻着云雷纹、兽面纹等神秘纹饰的圆雕玉人像，就是商人眼中的神灵和祖先，而那些商代新产生的玉制容器，则是他们祭祀神灵和祖先的

商代·踞坐人形玉佩

祭器。

　　河南省安阳市殷墟妇好墓出土了多件玉人，其中最引人注目的是一件衣着华丽、腰插宽柄器具的玉人。高7厘米，玉料为和田青玉。玉人神态端庄地跪坐着，双手抚膝，一条长辫盘绕在头顶，长脸尖颌，弯月细眉，凸鼻闭口。玉人身着交领长衣，衣长过膝，衣上满饰云纹，腰左侧插一宽柄器。从玉人华丽的梳装、高贵的气质及其腰侧的神秘器具来看，是一奴隶主贵族形象，或许也是商人的祖先，或是其神灵的化身。他双手

商代·玉韘

河南安阳妇好墓出土。淡绿色，少部分呈
淡褐色。中空，可套入成年人拇指，正面雕
兽纹。可能为墓主人妇好生前所用之物。

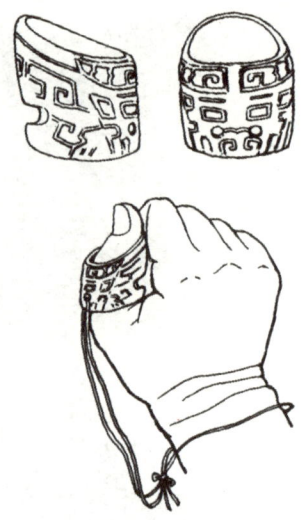

玉韘使用示意图

抚膝的跪坐之姿，反映出当时人们普遍的坐姿。考究华美的衣
冠、威严倨傲的神态、精雕细琢的做工，都使这件玉人成为一
件非同寻常的精品。

　　商代玉器造型丰富，出现了几种前所未见的新器物，最值得
一提的是一种叫玉韘（shè）的玉器，它的用途是拉弓射箭时保护
手指，可以说是清代板指的前身。这种和日常生活相关联的使用
玉器，从商代开始首次登上玉坛，成为统治阶级享玉的鼻祖，为
后世玉器世俗化及生活用玉兴盛开了先河。

　　商代，青铜已作为制玉工具进入玉器加工领域，这使得制玉
工艺大幅度提高。此时的玉工已能熟练地将线刻、浮雕、圆雕、
透雕融合在一起，大大增加了视觉立体感。那些极富美感和神秘
感的立体圆雕人像和各种动物形象，为中国古代玉器从平面走向
立体、由简单装饰发展为复杂陈设奠定了基础。

商代玉器工艺的精湛还表现在它的工艺创新上。商代已经能够制作活环玉器了。江西新干商代墓出土的玉羽人，脑后有一条三个活环组成的环链，是中国最早的活链作品。虽然就是几个简单的活链，却是人类在制玉工艺方面的伟大创新。在此之前，人们只能在一块玉料上，雕出体积小于它的玉器。活环技术的出现，标志着人类可以雕出比玉料宽度或长度还大的玉器，这为玉器制作开辟了新天地。同时，商代还出现了最早的俏色作品，利用玉料的不同颜色表达不同部位和内容。河南殷墟出土的玉鳖巧夺天工，俏色十分精巧，鳖甲部分墨黑，其它部位灰白。这件器物色泽分明，形象逼真，俏色处几乎与真鳖相同，是迄今所知最早的俏色玉器。鳖是自然界中的长寿动物，因其年代久远，加之形体背圆底方，正好符合古人天圆地方的观念，因此被古人视为灵物。商代，人们还把最神圣的祭祀典文刻在龟甲上，龟鳖的身价之高可想而知。这件玉鳖用当时最先进的技术设计制作而成，蕴含着古人对它的崇奉之情。

商代甲骨文的"宝"（寶）字，就像房子里藏着贝（货币）和

商代·玉羽人
棕红色，通体作侧身蹲坐式，两侧基本对称。这是中国最早的活环作品。

商代·俏色玉鳖

玉。这说明，商代统治者将玉视为宝物和
财富。从商代开始，以后历朝历代无不视
玉为珍宝。这种视玉为财富的传统，在商
代一位名叫"妇好"的女子身上表现得淋
漓尽致。妇好是殷王武丁64个妃子之一，
最受武王宠信，她的名字在商代甲骨文
上出现了170次。武丁在位59年，南征北
战，纵横天下，妇好经常帮助丈夫出征，
据甲骨文记载，武丁伐羌时，妇好曾率军
一万三千助战，她甚至远征西北土方国。
当她先武丁而亡时，武丁悲恸欲绝，痛
哭失声，还经常在梦里见到她。由于得到
武丁的宠爱，妇好被厚葬，武王将大量的
玉器作为财富为妇好陪葬。妇好墓虽然被
盗掘过，但正式发掘时仍出土了750多件
玉器。妇好墓为商代把玉器视为财富的思
想，提供了一个最好的例证。

妇好像

　　商代玉器既保留了原始崇拜的理念，又将人的因素渗透进
去，逐渐将自然力量人格化。自此以后，玉器所包含的原始宗教
意识日渐淡薄，凝聚于其中的人性观念日益增多，中国玉器进入
了一个新时代。

西周玉器

　　周是中国西北地区的一个古老部落。西周（前1046—前771）
是中国礼制化发展的高峰时代，它的礼制曾被孔子（前551—前

479）作为典范来歌颂，并以此为理论基础开创了影响中国数千年的儒学。大量的考古资料和文献记载证明，西周是中国古代用玉制度初步完善和发展的时期，并最早赋予玉以道德内涵，对后代具有深远影响。

西周时期对玉石品质及色泽的使用着有严格的等级规定，出现了一个五彩缤纷的玉石世界，有白、青、墨、碧诸色。西周崇尚白色玉，尤其珍褒和田玉。此外，还有大量的玛瑙、水晶、绿松石等。西周统治者使用的贵重玉器，一般多用和田白玉，级别较低的一般玉器，多用其它玉制成。西周玉石的多样性，既是分封制等级的需要，又是西周制玉业发达的体现。

礼制是中国奴隶社会，特别是西周时期的重要制度。其实，礼本来自远古，是氏族成员祭祀的仪式。周人把礼发展成为完备的宗法制度，其实质就是以血缘关系为基础的等级身份制度。此时的玉器，自然就成了为统治者等级制度服务的工具。最典型的例子就是"六瑞"、"六器"和玉组佩。

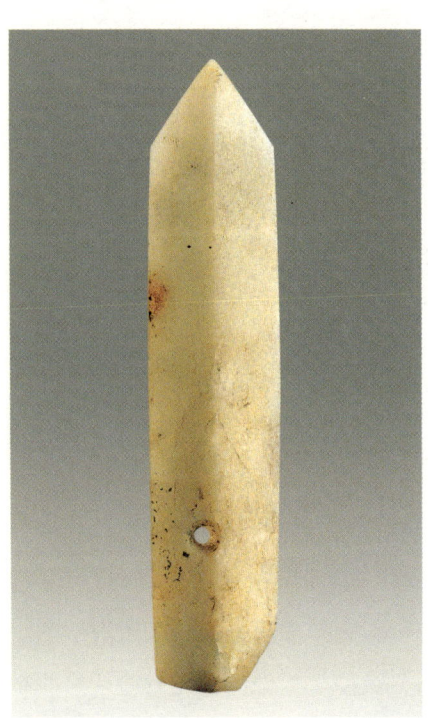

周·玉圭

"六瑞"是六种器物，"瑞"是朝廷颁发给高官作为爵位的凭证。王、公、侯、伯、子、男是六等爵位，所持之物分别为圭和

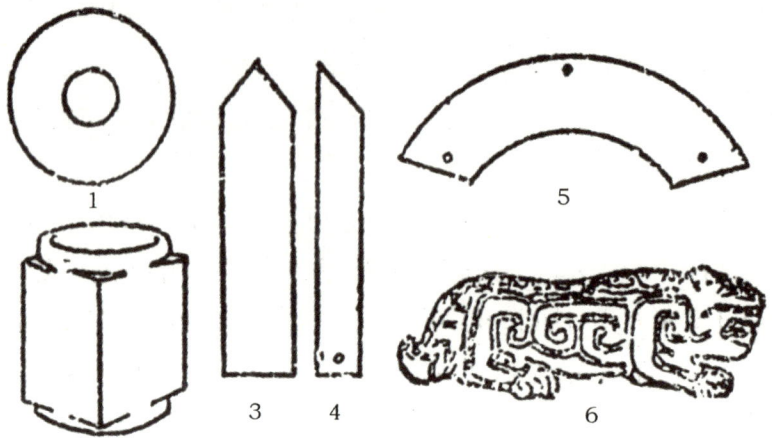

1.璧 2.琮 3.圭 4.璋 5.璜 6.琥

《周礼》中所记载的六器

璧。《周礼》中记载："以玉作六瑞，以等邦国，王执镇圭，公执桓圭，侯执信圭，伯执躬圭，子执谷璧，男执蒲璧。"这直接反映了当时身份等级不同的人所持有的玉器也不同。

"六器"也见于《周礼》记载："以玉作六器，以礼天地四方。以苍璧礼天，以黄琮礼地，以青圭礼东方，以赤璋礼南方，以白琥礼西方，以玄璜礼北方。"这一方面说明当时祭祀天地四方需要上述六种颜色的器物，另一方面说明了西周的礼玉已发展到为祭祀自然神服务，此时的玉器，已经成为将礼仪关系通过外在器物表现出来的最佳工具。

西周的礼仪玉器中，最有特色的器物是以璜（一种弧形玉器）为主体，按一定规律组合串结的具有礼仪性质的特殊装饰品——玉组佩。根据西周墓葬中，大型多璜玉组佩仅出现于国君及其夫人和太子墓的情况来看，大型玉组佩的使用有着严格的制度。从出土资料看，玉组佩有两个特点：一是不同的玉组佩中使用璜的数量是不相同的，这可能是区分使用者身份高低贵贱的标志之一；二是玉常与玛瑙、石珠、琉璃珠、绿松石珠等相隔出现，符合《周礼》中天子以下君臣不能用全玉的礼制规定。玉组佩的使用范围可能仅限于公、侯等诸侯国国君及其夫人或有相应封号的贵族。

山西省曲沃县晋侯墓地出土的一件玉组佩，由玉璜等204件玉器组成，纵向分左、中、右三列，共有璜45件，装饰有双龙纹等。组佩的下端有两件玉雁，昂首扬颈，生动活泼。这挂巨大的玉组佩，足以衬托出墓人主身份的高贵不凡。

周人以德配天，玉器被抽象为道德观念的载体，起着确立、巩固建立在宗法等级制度上的人伦关系的作用。具有鲜明等级意味的六瑞、六器及玉组佩，就是这一制度的物证。西周玉文化的这种发展，为以后玉文化将玉器纳入道德范畴，实现"君子比德于玉"，作了充分的思想准备。

西周还出现了一种风格独特的人龙合体玉器造型。这种造型的玉器，引发了人们无限的遐想，体现了周人与龙的特殊关系。史前人类相信万物有灵，产生了原始的自然崇拜，并创造出龙的形象。随着时代的进步，人的地位逐渐确立，权力意识逐渐加强，所以人们在崇拜

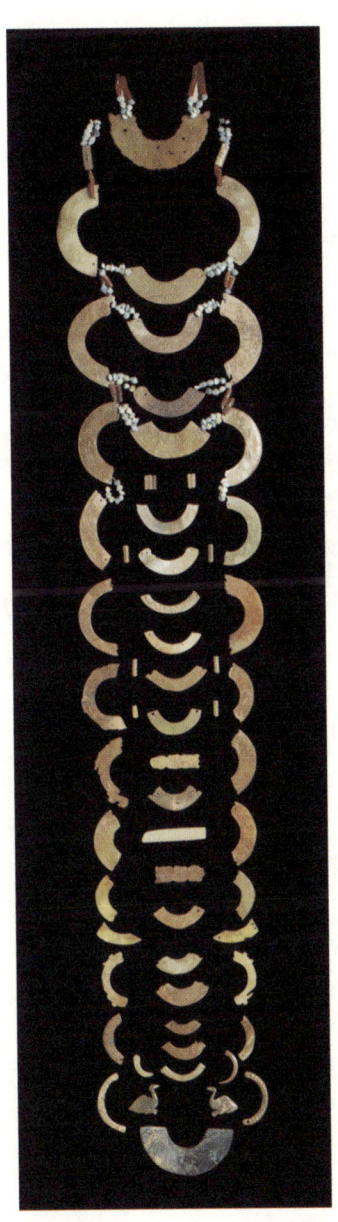

西周·玉组佩

山西省曲沃县晋侯墓地63号墓出土，由玉璜、玉珩、冲牙、玉管、绿松石珠、玛瑙管组成，共有204件。

西周·人龙形玉饰
褐色,两面纹饰相同,为羽人和龙纹合体造型。纹饰皆为双勾加单阴线,并运用透雕技法。

物的代表——龙中加入了人的因素,使其人形化。晋侯墓地出土的一件人龙合体玉饰,出土时置于墓主人的腹部。褐色玉,高2.9厘米,长4.5厘米。玉饰为羽人与龙纹合体造型,羽人位于龙的前端,面部轮廓分明,作昂首向前眺望状,身体下部与龙身相连。龙作回首顾盼状,尾略上卷。这件玉饰造型独特,寓意神秘,表现了周人眼中人与龙之间的特殊关系。可以说,西周玉器中人与龙相互连体的造型艺术,正是周人将自然力量逐渐人格化需求的真实写照。总之,在西周玉器上已看不到原始崇拜的宗教痕迹,而代之以人类情感的描绘和抒发,形成了形神皆美的玉器。

西周玉器起着承上启下的作用。在玉器的种类、造型、纹饰等方面,都有很多创新,展现了西周玉文化的新气象,最重要的贡献就是开始出现人性化的趋向，为春秋战国时期玉器的理念化、人格化奠定了基础。

春秋玉器

东周分为春秋（前770—前476）和战国时期（前475—前221），是中国古代社会格局发生重大变革的时代，社会大动荡、大分裂的过程中，诸侯称霸，列国争雄。然而，分裂的政治局面并没有阻碍经济文化的发展，相反却促进了经济文化的交流。这一时期的玉文化也同其它文化一样得到蓬勃发展。

春秋时期，随着西周等级制度的瓦解，人们的思想意识、审美观念发生了翻天覆地的变化。同时，社会的发展、科学的进步，使人性的觉醒超越了对鬼神的崇拜。因而，此时的玉器创作便从对鬼神的敬畏尊崇，走上了自觉表现人性的道路。审美意识的中心也从早期的娱神，逐渐转移到娱人。特别是当时新兴贵族和富商已成为社会主宰力量，为了顺应上层贵族阶层的政治和审美需要，就要用玉器来表现这一时代思潮。这使得玉器在西周的"比德于玉"思想的基础上，进一步发扬光大，最终形成了中国玉文化"君子比德于玉"的理论体系。

儒家创始人孔子，将"君子比德

春秋·玉璧
墨绿色和浅绿色，边缘有受沁白斑。圆度规整。两面合计为124条龙纹，璧外缘和孔外缘均阴刻两圈细线，线条均匀流畅。

于玉"思想，作了全面阐述。在孔子看来：玉光洁温润，可谓之"仁"；不易断折，且断折后不会割伤肌肤，可谓之"义"；佩挂起来整齐有序，可谓之"礼"；击其声音清越优美，可谓之"乐"；瑕不掩瑜，瑜不掩瑕，可谓之"忠"；人人珍之爱之，可谓之"道"，等等。《礼记》借孔子之言，将玉的自然属性与儒家道德紧密结合，总结出仁、智、义、礼、乐、忠、信、天、地、德、道十一德，奠定了儒家以"仁"为核心的儒学礼教用玉的理论基础，成为君子为人处世、洁身自爱的标准，成为士大夫的道德规范，进而把玉推崇到玉品德美的极高程度，同时也标志着玉器人格化的确立。

儒家创始人孔子像

所谓玉器人格化，即强调佩玉的本质主要不是表现外在美，而是重在展现人高尚的精神世界和自我修养的程度。随着社会的发展和文明人的觉醒，人们赋予了玉器更为现实的功用和社会意义。但这种待遇，并不是当时每个社会成员都能享受到的，只有王公贵族才能佩玉，才能表现这种人格美，还进一步规定了"古之君子，必佩玉"。如果佩戴成组的玉佩，还能起到这样的作用：其一是君子行路温文尔雅。只有在被控制得不快不慢、很有节奏的步伐下，成组的玉佩才不会发出杂乱无章的碰撞声。日久天长，君子就会在玉佩的约束下，形成一种规矩有理的行路的风度。其二，君子来去光明正大。组佩在行走时会发出叮当之声，这就告知了周围人君子的来去。因此，在礼教森严的社会就有了"君子无故，玉不去身"的规定。

君子佩玉不仅仅是修身养性所需，实际上玉在当时还有为等级服务的作用，即使是在"礼崩乐坏"的春秋时期也是如此。《左传》里就记载了一件鲁国发生的用玉僭越未遂事件：鲁定公五年（前505年），执掌鲁国大政30余年的季平子死了，其家臣阳虎欲用鲁国国君才能佩戴的"玙璠"为主人随葬，但另一家臣仲梁怀不同意，并要求"改步改玉"。意思就是说，鲁昭公流落在外，季平子虽然代行君事，佩戴"玙璠"祭祀宗庙，但现在既然鲁定公已经继位，季平子就应恢复臣位，改臣步，改佩臣子应佩戴的玉饰，当然也就不能随葬鲁公所用之玉了。季平子在鲁国是权倾一世的人物，甚至连鲁昭公都被他赶到国外流浪。但即使是

春秋·虎形玉佩
玉质泛青灰色。体呈扁平状，虎低首拱背，曲肢卷尾，似正伺机跃身腾起，表现出一种内在的精神力量。

春秋·玉剑璏
春秋贵族们不但自己佩玉,也给剑配上玉饰。此玉剑璏为青玉制
成,半透明,有光泽,质地上乘,是春秋玉剑饰中的精品。

这样一位权倾朝野的人物,在用玉制度面前也无能为力,足见当时社会等级制度的森严。

佩玉同人的精神世界、行为举止、道德修养联系了起来,以物言志,借此显示佩玉者的品格、情操、气质、风度。此时的玉器受到新的礼仪伦理道德规范的制约,往往需要借助于造型、体重、尺寸、色彩或纹饰来喻示伦理道德和社会等级观念,因而几乎每一件玉器都具备一定的政治、伦理和宗教意义。

在春秋时期,玉被用来比附君子道德,影响着人们的审美。人们习惯用美玉来比喻人的美好品质。《论语·公冶长》记载了这样一件事，子贡问孔子说："老师，您看我是怎么样一个人呢？"孔子说："瑚琏之器。""瑚琏"是祭祀宗庙时，盛放礼品的祭器，上面嵌满美丽的贵重的玉饰，是所有器物中最珍贵的。人们常以瑚琏之器比喻一个人具有执掌朝政的才干，在孔子的眼中，子贡就是这样一个人。

春秋时期的玉器，其深刻的伦理道德的价值显然高于它的审美价值和艺术价值。君子佩玉，除了把它作为华美的装饰外，更重要的是以此显示自己的美德和似玉一样的高贵品质。同时，精美的玉饰也增添了王公贵族外表上的显赫风貌，两者互为表里，相得益彰。

战国玉器

战国是中国历史上一个激动人心的时期，诸侯国间战争不断，但相互间的竞争，在一定程度上反而促进了文化的发展，对战国玉器的发展产生了深刻的影响。

这一时期，人们对于玉料有了进一步的认识，对玉料的判断更加准确。从历史流传的"和氏璧"的故事就可见一斑。"和氏璧"讲述了一个楚国人卞和献玉料的故事。卞和是楚国的一名玉工，他在荆山得到一块玉料，但这块玉料的外表看起来像石头，卞和凭着他的经验认定这是一块玉料，于是将这块玉料献给楚厉王，厉王不认为是玉，以为卞和拿石头骗他，便下令砍掉了卞和的右脚。厉王死后，卞和又将

战国·彩绘偏衣木俑

湖北江陵武昌义地楚墓出土。木俑胸部以下左右各垂挂一组玉佩，所谓"君子无故，玉不去身"。

玉料献给楚武王。武王也认为不是玉，又将他左脚砍掉。直到楚文王继位，卞和再次献玉，楚文王才发现这块玉料乃玉中珍品，便命名为"和氏璧"。这个故事说明战国玉工已经能够透过玉的外表看到玉的本质了，同时也反映这时的人们对玉的珍爱程度。

战国时期，以和田玉为原料制作的玉器比前代增多，琢玉技术和装饰水平比起前代也有长足的进步。最值得一提的是，战国玉匠能够最大限度地利用玉材，雕琢出精美的作品。1978年湖北省曾侯乙墓出土了一件十六节龙凤形玉饰，长48厘米，宽8.3厘米，玉料为和田白玉，由5块玉料剖解为16节，多节透雕龙、凤，再以三个圆环和一个销钉连接成一串，16节饰件构成长的龙形，各节可以活动折卷。该玉器设计之巧妙，制作之精细，无不令人称奇。玉工以小料大作的方法，将5块玉料分别琢制，再以活环连接。这种做法既省工省料，又对称美观，一举多得。这件华丽大气、光彩照人的多节玉饰，出土时位于曾侯乙的下颌部位，一定是他生前的心爱之物。

战国玉器的品种，较之以前更加丰富多彩。为了适应贵族阶层的装饰需要，玉璜、玉组佩、龙凤佩、螭纹佩、舞人佩等佩饰大量生产，还有玉带钩、玉剑饰等生活用玉也广泛流行，成为贵族腰带上的部件及佩剑上的饰物。

战国·十六节龙凤形玉饰
整器由五块玉料剖解为16节，各节透雕龙、凤或璧、环形，再以三个圆环及一个销钉连接成一串，各节可以活动折卷。

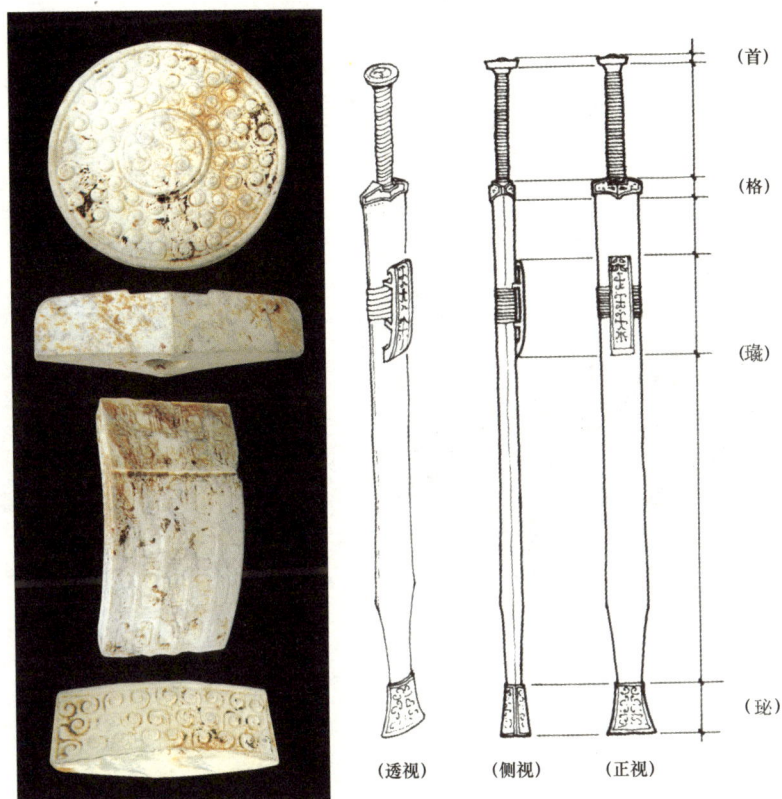

战国·玉剑饰
玉剑饰盛行于春秋两汉。这套玉剑饰均为
鸡骨白色。

玉剑示意图

（首）
（格）
（璏）
（珌）

（透视） （侧视） （正视）

　　战国时期的龙形玉器可谓千姿百态。这些龙目光敏锐、牙齿
锋利，表现出龙凶猛的性格特征，其挺胸扬尾的姿态、遒劲有力
的动感，又体现着龙斗志昂扬、争强好胜的神态。那些呈S形弯曲
盘绕的龙型佩，千变万化，风格各异，充满了活泼的情趣。曾侯
乙墓出土的一对龙形玉佩就完全凸显出了这种英姿勃发的气势和
神韵。这对龙佩，玉料为青色，长约11.5厘米，宽约8厘米，厚0.6
厘米，龙体较瘦，身躯较长，曲颈拱腹卷尾，呈S形，全身布满丰

战国·龙形玉佩
湖北省随州市曾侯乙墓出土，一对。青色，有褐色沁。龙体较瘦，曲身顾首。饰云纹，其间夹以谷纹。

富的云纹和谷纹。整个造型给人以十足的动感，并富有一种华丽的装饰美。这一切，正是战国时期群雄争霸所带来的百花齐放、百家争鸣局面的最好诠释，为中国玉文化书写了绚丽的一页。

战国时期，玉器成为财富的象征，帝王贵族，无不以玉为贵，视玉为宝，玉器不仅是个人的财富，而且成为国家财富的重要组成部分。各诸侯国之间战争不断的同时也外交频繁，玉器作为珍贵的馈赠礼品，自然成为最好的公关手段，各国对玉器的喜爱和争夺达到了前所未有的程度。为争一块玉璧，当时的秦国和赵国，在中国历史上上演了"完璧归赵"的精彩一幕。

"完璧归赵"讲的是战国后期，赵惠王得到了楚国的美玉"和氏璧"。秦昭王闻讯，立即派人给赵王送信，表示愿以15个

完璧归赵

城池与之交换，赵王于是派蔺相如带璧出使秦国。蔺相如到秦国将和氏璧交给秦王，秦王看到和氏璧后欣喜若狂，还将璧交给旁边人欣赏，绝口不提交换城池的事。蔺相如发现秦王根本无意交换城池，便略施计谋，从容不迫地走到秦王面前说到："和氏璧上有点小瑕疵，请让我指给您看。"秦王不明就里，将璧交还给蔺相如，蔺相如接璧后突然退到石柱旁，面露怒色，厉声说道："赵王为送璧，斋戒五日，然后派我护送至此，是何等郑重其事！现在你得到璧，却随手交给旁人，毫不庄重，我看你是无意将十五城池交换给赵王。现在玉璧在我手里，如果大王强迫我，我的头和玉璧就一起撞碎在柱子上。"说罢举起玉璧，朝着柱子，就要摔璧。秦王爱璧心切，连忙表示对不起。蔺相如请秦王斋戒，另选吉日交璧。随后，蔺相如派人秘密将和氏璧送回赵国，秦王得知此事后也无可奈何，最后只好让蔺相如返回赵国。

无价美玉价值连城，壮士为美玉不惜生命。"完璧归赵"这个故事以一块玉璧价值十五城的神话，将中国 "黄金有价玉无价"的古语演绎到了极致，为中国玉文化平添了绚烂的一笔。

"和氏璧"最终仍属秦国。秦始皇将它制成传国玉玺，刻上由丞相李斯书写的"受命于天，既寿永昌"的玺文。于是，象征至高无上权力的中国皇帝的第一枚玉玺产生了，同时规定，凡皇家用印均以玉制成，称之为"玺"，私人用印无论何种材料，皆称"印"或"章"。秦朝以后，各个朝代虽都制作各自的玉玺，但当权者仍希望得到秦始皇的传国玉玺，认为惟有此玺才能令世人相信是"天之所命"的"真龙天子"。尔后，此传国玉玺被血腥争夺了几百年，传到后唐末帝李从珂时，最终失踪。

汉代玉器

汉代（前206—220）经历了西汉、新莽、东汉三个发展阶段。西汉统一的多民族封建国家的建立和发展，使中国古代进入了一个黄金时代，经过两汉400多年的发展，中国古代文化的基本面貌初步确立下来。汉代玉器继承了战国玉器的传统特色，在艺术风格上则更多地吸收了前代玉器清逸脱俗和自由浪漫的特色，融合成汉代玉器所特有的豪放、磅礴的艺术风格，使中国古代玉器达到又一高峰。

在中国玉器史上，汉代是白玉使用的新高潮，特别是新疆和田白玉，甚至羊脂白玉，不仅数量空前，而且品质上乘。主要原因是汉帝国打开了西域玉路通道，使东西地域交通大畅，新疆和田玉料源不断地进入中原，加之汉代盛行阴阳五行说，人们赋予白色以吉祥寓意，将"尚白"观念与儒家"仁"学相提并论，

西汉·玉舞人
两件玉人形象、服饰、舞姿均相同，长眼细眉，高鼻小口，
椭圆脸庞，正在跳秦汉时期盛行的"翘袖折腰"舞。

极大地提高了玉器色彩审美的文化品位，并赋予其道德属性。

汉代玉器采用了写实与夸张并行的创作手法，将富有浪漫色彩的天上神仙生活与具有浓郁生活气息的现实世界，有机地结合在一起。这时除了传统的龙凤等神灵之外，那些传说中能辟魔驱邪、带来祥瑞的怪兽如辟邪、螭虎、天马等成为新的艺术形象，它们能够在九天遨游，与神仙沟通，载人升仙。汉代玉器因此充满了自由奔放的韵味，具有浪漫主义的情怀。陕西出土了一件西汉玉仙人奔马，四肢夸张，昂首挺胸，身饰飞翼，足踏云天，以天马行空的气势一往无前。在它背上端坐着庄严威武、神态倨傲的仙人。这件玉器充满了奔腾骁勇的动感，整体造型极富爆发力，表现出对美好仙境的神往和一种博大崇高的时代精神。至于

西汉·玉仙人奔马

整体形象是玉仙人骑玉天马。玉马呈奔跑状，前蹄踏在球
状物上。马背上骑一羽人，一手揿在马颈部，另一手握灵芝
草。脚踏板下雕琢着云纹，寓意为天马在空中行走。

那些高浮雕于剑饰上的螭虎纹，更是体态矫健，变化莫测，它们或曲身昂首，腾跃出没于流云之间，或成群结对，嬉戏于太空之中，其健壮饱满的身躯，昂扬豪迈的气概，和谐潇洒的风采，打破了早期玉器那种较为单一的沉闷基调，成为汉代玉器中光辉的艺术典范。

汉代的玉雕艺术摒弃了以往那种扁平片状造型，高浮雕、圆雕作品明显增多。汉玉中常见的玉蝉、玉猪形态质朴、刻划简练，寥寥数刀，神韵毕现，被称为"汉八刀"，是中国古代雕塑艺术中极具特色的表现手法。在玉器的造型上，汉代工匠则采用高度概括的手法，舍弃细节，注重整体效果，着力表现创作对象的神韵，反映了现实生活的风貌和人们的美好愿望。

在汉代礼仪玉中，有一枚汉代玉玺值得一提。1968年在陕西省咸阳市韩家湾汉代长岭附近，一名小学生在田沟旁拣到了一枚玉玺，并把它交给了国家。经文物部门鉴定后确认为汉代的"皇后之玺"，立即受到世人的高度关注。这枚玉玺高2厘米，边长2.8厘米，重33克，以新疆和田玉制成，呈四方形，上有螭虎纽。底部阴刻篆书"皇后之玺"四字。中国用玉作印始于战国，对于秦汉玉玺，过去一直认为已

西汉·皇后之玺

【汉八刀】

汉代独有，意为所雕玉器仅"八刀"即可形成，反映了汉代玉雕的简洁明快。所谓汉八刀，并非真的只用八刀便可雕琢出一件玉器成品，而是指用相对精练的刀法将玉器的形制、神韵刻出。汉八刀主要代表器物之一是玉握猪。

无存世，所以这枚"皇后之玺"一经出现便成了稀世之宝。这枚玉玺的发现，让世人领略了2000多年前帝王玉玺的风采。

汉代的丧葬玉特别盛行。中国作为一个礼仪之邦，自古以来就十分看重对祖先的厚葬，并把葬仪看作是礼制的组成部分。汉代厚葬之风盛行，礼仪进一步发展，葬礼中出现全套用以保护尸体不朽的专用玉器，玉衣是其重要代表。汉代王室贵族用玉衣敛尸。玉衣，是指从头到脚包裹尸身每一个部位的衣罩，外观与真人形体相同，按部位可分为头罩、上身、衣袖、手套、裤筒和鞋子六个部分。各部分均由不同材质的长方形玉片加金、银、铜丝镂织而成。不同的材料表示死者身份的不同。据《后汉书·舆服志》记载，皇帝使用金镂，诸侯王、列侯、始封贵人、公主用银镂，大贵人、长公主用铜镂。汉代特别是东汉对玉衣的使用有着严格规定，不可僭越。统治者如此不惜工本制造玉衣，无非是希望借助玉的神力，保护尸体不腐，以达到灵魂升天的目的。然而，往往事与愿违，正是随葬的玉器及其他金银珠宝，引来了无数盗墓者。魏文帝曹丕（187—226）看到汉代诸陵无不被盗掘的

西汉·金缕玉衣
河南省永城市芒山镇僖山汉墓出土，现藏于河南博物院。全套玉衣共用2008片青玉组成，玉片之间用金丝加以编缀。

情形，便下令禁止厚葬，结束了使用玉衣的历史，也标志至汉代厚葬之风历史的结束。

在汉代，王公贵族祈求长生不死、渴望羽化登仙，世人也推崇虚无缥缈、涤尽红尘的仙境。在这种思想的影响下，玉器改变了商周以来祖先崇拜、礼仪规范及道德教化的寓意，摇身一变，变成了超越生死，联系神仙与现实中人的桥梁，成为人们长生不老、千年不朽梦想的寄托。汉代的这一逍遥自在，长生不死的神仙思想，在东汉的一件玉制神话故事座屏上得到了具体体现。座屏由四件透雕玉片组成，两侧的支架和中间上下两层各为一片，中间两件玉屏片的榫部分别插入两侧支架的卯孔。东王公、西王母为远古神话中的东西

汉·神兽纹玉樽
玉质受沁呈粉白色。直筒形，器身浮雕螭虎、龙、熊及乘云仙人，平底下置三熊足，反映了汉代的神仙思想。

方二神。上层玉屏片正中透雕神话传说中的东王公形象，他凭几高坐，周围有仙女凤鸟陪伴。下层玉屏片正中透雕西王母形象，她也凭几端坐，两侧同样有仙女神兽伺奉。此座屏在雕琢工艺上将透雕和线刻融合得天衣无缝，颇似一幅白描线图。在纹饰图案上，也将人物、景物、动物有机地组合起来。这类作品目前仅此一件，从中可透视出当时人们憧憬和谐幸福生活的思想意识。

汉代玉器雄浑豪放、清逸脱俗的特有魅力令世人称奇，那些圆雕、高浮雕、透雕的艺术品成为了汉玉的主流。汉代玉器已经摆脱了宗教、礼仪观念的禁锢，走向了追求艺术价值的更高阶段。这种趋势成为此后两千多年中国古代玉器发展的主导趋向。

魏晋南北朝玉器

魏晋南北朝时期包括三国（220—280）、西晋（265—317）、东晋（317—420）、南北朝（420—589）各朝代。其特殊的社会政治背景，制约了玉器的发展，因此，此期玉器仅是汉代玉器的延续，不仅总量大减，而且少有创新，同时和田玉作品也相对减少，表明这个时期的玉器走向衰落，唱响了一曲王玉时代的悲歌，标志着中国王玉时代走到了尽头。

造成这种局面的主要原因是：其一，自三国末期，朝廷明令禁止厚葬，这是丧葬玉减少的直接原因；其二，战争连绵不绝，玉材来源受阻，动摇了玉器制作的基础；其三，魏晋时期玄风大盛，贵族、士大夫崇尚放达人生，着力突破传统礼教的樊篱，致使礼仪玉器制作减少；其四，

南朝·琥珀异兽
棕色，圆雕，作前肢合抱于胸前跪坐式，背部饰蝉纹。

魏晋·玉卧羊
青白玉，带黄色皮斑。羊首微举，双目圆睁平视，长角弯曲卷于耳后。

佛教文化及其艺术品异军突起，大量佛像石刻，如云冈、龙门石窟的兴建，吸引了众多的玉器人才，从而影响了玉器的制作；其五，瓷器和金银器的异军突起也对玉器的进一步发展构成一定的影响；最后，玉器数量的骤减与吃玉之风有关。这时迷信吃玉能成仙的做法盛极一时，它将汉代以来人们对玉的迷信发展到了极点。在这种神仙思想和方士之术的影响下，很多前朝玉器因被食用而遭毁灭。

不过，魏晋南北朝时期的玉器也有其独特的个性。这时的玉器着力刻画神话中的怪兽和鬼怪形象，怪兽常表现为外形扭曲，半人半兽，长有翅膀等形象。这些怪兽造型，可能是当时那种动荡不安情绪的一种宣泄。

比起汉唐玉器的辉煌，魏晋南北朝玉器是中国玉器发展的一

个低潮时期，同时它又处于一个礼仪玉和丧葬玉退出历史舞台，
装饰玉、鉴赏玉粉墨登场的过渡时期，在中国玉器史上起着分水
岭的作用。此后，中国玉器由政治化、等级化开始转向了世俗
化。玉器，进入了民玉时代。

进入民间的历程

——民玉时代

　　从隋唐至清代，随着时代的变迁，玉器渐渐离开了王公贵族，走向大众，中国玉器迎来了它的民玉时代。然而，这里指的大众，绝不是普通劳动人民，而是当时社会的富裕阶层，王公贵族仍是玉器消费的最大群体，只是用玉制度和文化寓意产生了变化。随着民玉时代的到来，玉器的装饰题材较以前更加丰富多彩，并且多以写实的手法来表现。富有民族特色的吉祥图案颇为盛行，不仅内容广泛、寓意丰富，而且构思巧妙、情趣盎然，无论是花草鱼虫还是飞禽走兽，均据其特性而被赋予不同的象征意义，以借喻生活中的美好事物和高雅情趣，作品大多"图必有

豪华富丽、工艺精湛的唐代玉梁金筐蹀躞带。

意，意必吉祥"，反映了大众的审美意识，表达了人们对于美好生活的向往，同时也说明了中国玉器已摆脱了王公贵族的垄断，逐渐走向了民众生活。隋唐至清代的玉器艺术，尽管在形式上已经变成生活化、装饰化的日常用品，但实质上还是人们精神情感的物质载体，不论是造型还是纹饰都洋溢着强烈的人文神韵和寓意寄托，中国玉文化在这一历史阶段呈现了一种全新的风貌，以亲切活泼的姿态陶冶着人们的心灵，至今仍散发着迷人的光彩。

唐代玉器

公元618年，唐高祖李渊（618—626在位）建立唐朝（618—907）。唐帝国近300年的统治是中国封建社会的鼎盛时期，政局的稳定，经济的繁荣，外交的频繁，创造了灿烂辉煌、举世瞩目的唐代文化。在这种社会背景下发展起来的唐代玉器，数量上虽然不多，但质量、品种、风格都有创新。其精湛的雕琢工艺、独特的造型艺术标志着中国古代玉器已走出魏晋以来的低谷，开始走向新的高峰，其显著的承前启后的作用，在中国古代玉器史上占有重要的地位。

【大运河】
北起北京，南到浙江杭州，流经河北、天津、山东、江苏、浙江等省市，跨海河、黄河、淮河、长江与钱塘江五大水系，全长1700公里，是中国历史上沟通南北的一条黄金水道。

唐代经济文化发达，手工业生产兴旺，在以玉器、陶器、铜镜、金银器为代表的物质文化中，玉器占有重要地位，帝王和贵族生前死后都以玉器为奢侈品，但它已非单纯的王公贵族专用品，此时的玉器，已开始进入民间。

唐代玉器的辉煌成就离不开扬州制玉中心的贡献。自隋炀帝（604—618在位）开通大运河后，扬州成为促进国内国际经济与文化交流的重要商埠。当时的扬州，富庶而繁华，

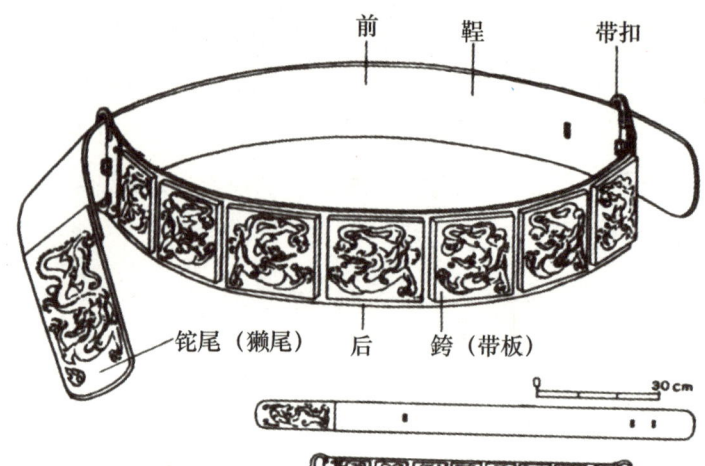

前 鞓 带扣
铊尾（獭尾） 后 銙（带板）
30 cm
玉带名称图

手工业制作涉及金属冶铸、建筑、造船、金银器、漆器、木器、铜镜等，其中的玉器制作日渐兴旺。扬州制玉中心的地位在唐代已初步确定，为以后明清两代的制玉事业打下了坚实的基础。

　　唐代用玉分为礼仪玉、装饰玉、陈设玉、实用玉和佛教玉器五种。其中，礼仪玉主要包括玉带銙，也称带板，是镶在官袍皮腰带上的玉饰片。唐代有严格的用銙制度，以玉銙为最贵，只有皇帝、亲王及三品以上官员才能佩带玉銙。礼仪玉还包括系于腰间的玉组佩和用于祭祀的圭、璧等；装饰玉主要有玉簪花，玉步摇、玉梳背和玉凤鸟佩等；陈

佩带玉銙的唐高宗李治

设玉多为动物形象的肖生玉器；实用玉多为玉杯、玉盒、玉香熏等；佛教玉器主要有玉佛和玉飞天两种。

唐代玉器的创作技术标新立异，构思新颖，造型多样，工艺精美，内涵丰富，风格极具装饰意味。新兴的玉器品种文化内容丰富多彩，比如象征官位和权力的玉带銙、宫廷女性专用的玉梳背、具有浓郁异域文化色彩的玉飞天、反映大自然浪漫情趣的花卉纹及花鸟纹等，无不给人耳目一新的感觉。这些创新型玉器及纹饰，开后世之先河，成为后代玉器的范本。

王玉时代虽然已经过去，但玉器作为等级标志物的理念在唐代仍有影响。比较典型的就是带銙。按带銙环数目的多少，可分为"十三銙带"、"九銙带"等。官袍上"銙"的多寡，标志着官位的高低。玉带銙形状一般是方形或长方形，或近似满月形，有的还镶以金边。唐代带銙多雕人物、动物、花鸟图案，人物多着胡装，有明显的西域特征。陕西省礼泉县唐昭陵出土的胡腾舞纹玉铊尾，为玉带銙的玉饰件，上雕一跳胡腾舞的胡人男子。舞者长发卷曲、高鼻深目、面带微笑、舞姿优美，具有浓郁的西域风情。这种在朝廷内部，以玉作为官员身份等级标志物的情形，一直延续到清代。

唐·胡腾舞纹玉铊尾
白玉，圆首矩形，正面雕出一跳胡腾舞的男子。舞者长发卷曲，高鼻深目，面带微笑，舞姿优美，具有浓郁的西域风情。

　　如果说玉带銙是唐代宫廷男子显贵专用玉器外，那么，玉梳
背等首饰类玉器则是宫廷女性的专用装饰品，常以丰硕饱满的花
卉纹和展翅飞翔的禽鸟纹来做装饰，展现出一种生动活泼和雍容
华贵的美感。唐朝贵族女性十分喜欢在发髻上插几把小梳子，露
出半月形梳背，别具风情。浙江省杭州市临安县晚唐水邱氏墓土
出土了一把美丽的玉梳背，通长14.5厘米，宽5.7厘米，两面分别
雕琢花卉、禽鸟等纹饰，线条舒展。这件玉梳背蕴含着一种健康
向上的勃勃生机，可谓晚唐玉梳背的杰出代表。

　　在唐代，第一次出现了与佛教题材相关的玉器，玉飞天是其
重要表现形式。飞天，梵文名叫乾达婆，汉语又叫香音神，在佛
教中被描绘成能乐善舞，专采百花香露，向人间散花放香，造福
人类的神仙。佛教自传入中国以后，很快和中国的传统文化结合

唐宫女子弈棋图
画中的唐宫女子，发髻上插着小玉梳子，美丽温婉，风情万种。

唐·青玉飞天

飞天面目慈祥，体态轻盈，她身着长裙，肩披飘带，飞舞于祥云间。

起来，发展成为富有中国特色的佛教。唐代制作的玉飞天，上身裸袒，下身着长裙或肥裤，两臂高抬，手持花枝，两腿盘绕，充满了浪漫主义色彩。

唐代是中国古代文明史上一个极为辉煌的时期，作为国际贸易和文化交流的中心，唐代在广泛传播中国文化的同时也大量吸收了国外主要是中亚、西亚的文化艺术成就。唐代玉文化既继承民族优良传统，又融合外来文化之所长，兼容并蓄，开放向上。在唐代玉器上，我们可以看到具有西域文化特色的狮子、狻猊、胡人、胡乐、胡器等艺术形象，细阴线刻的花卉图案等装饰风格和模仿西域金银器的造型。

1970年，陕西省西安市何家村唐代窖藏出土了一件羚羊首玛瑙杯，杯的材料为珍稀的红色夹白缟带玛瑙，层次分明，鲜润亮丽。羚羊首状造型生动逼真，两只粗壮有力的羚羊角十分引人注目，口鼻部位还装有可以卸下的龙嘴形金帽。该杯的造型模仿了著名的波斯金银来通杯。最早的兽首角状杯，出现于公元前15世纪的希腊，当时希腊人称之为"来通"（rhyton），因它形似漏斗，可用于注神酒，所以当时人们认为来通杯是圣物。后逐渐传播至中亚、西亚地区，接着传入中国。该杯套上金帽，既符合来通杯的设计要求，又符合中国人倒到杯里的饮酒习惯。该杯为

唐·羚羊首玛瑙杯

海内外孤品，是唐代玉器的绝美之作，也是在东西方文明碰撞的火花中诞生的一件重要文物。

唐代在直接接受西域文化影响的同时，也把中国传统文化输出国外，使其在异域开花结果，构成它国文化的重要内容，为今人进行玉文化的跨文化研究，奠定了第一块基石。

宋代玉器

在中国文化史上，宋代（960—1279）是一个特别的时期，由于实行"重文轻武"的政策，弃武习文成为一种社会时尚，文化艺术成就非凡，甚至连皇帝宋徽宗（1100—1125在位）也是书画全能，艺术品位极高。这些对宋代玉器产生了深刻的影响。

宋代主要玉器品种有官服用的玉带、玉冠等朝廷用玉；璧、环、炉等仿古玉；簪、钗、梳、项链、戒指、镯等首饰玉，花鸟形佩、龙纹玉佩、童子、动物、瓜果、瑞兽等各种佩饰玉，这些都是装饰品，同时还有碗、杯、盒、炉等生活用玉；砚、砚滴、笔管、笔洗、笔架、镇纸、图章等文房用玉，至于一些圆雕动物艺术品，如卧羊、异兽、双鹤等，既可作陈设品，又可作镇纸。这些玉器质地非常精美，琢磨精细，阴刻镂空并用，刚柔相济。装饰题材广泛，以花鸟为主，结构上大都成双成对，取得了稳重均衡的艺术效果，表现出宋代玉文化的革新精神，并为元明清三朝玉器装饰品的发展作好了准备。

宋人追求不事雕琢、天然而成的审美风尚，使得宋代玉器的工艺手法简洁、粗放，不刻意追求形象的细部刻画，注重整体的统一、简明和完整，以沉实有力的线条，使艺术形象表现出精劲、辟透、和谐的风格。宋代粗放刀法的运用，使许多体积很小

宋·双兽耳云龙纹玉炉

的器物，蕴含了某种精神力量，颇有小巧而俊伟之美。造型的简约精练使许多看似简单的器物，饱含了深邃的意蕴，如花鸟二体的图案化造型，宁静清新、自然恬和，内含无限生机，表现了人们对生活的爱恋和咏叹。

北宋出现了中国历史上第一次收藏热。由于宋徽宗赵佶嗜好古物，尤对古玉偏爱有加，加之宋代古玉出土较多，人们对古玉的兴趣浓厚，宫廷和民间搜集古玉蔚然成风。这也使得宋代仿古玉大量涌现，从此为宋代及后世的玉器增添了新的内容。宋代仿古玉主要有璧、环、炉等器物。故宫博物院收藏的一件宋代双兽耳云龙纹玉炉，玉料为青灰色，造型为圆形，上为侈口、下为圈足，内空可贮物。炉身两侧各有一只兽首耳，外壁琢云龙纹，这是迄今唯一一件以古器型为蓝本，并以当时流行的纹饰为题材制作的仿古玉。宋代仿古玉并非简单地摹古，而是融入了时代风格，既表达了宋人怀旧的精神情感，也为中国玉文化增加了新内容。

　　较之唐代，宋代玉器更具世俗化倾向和浓厚的生活气息。城市经济的高速发展，新兴的市民阶层的扩大，使得玉器为民众服务已成为锐不可当的时代潮流。这种倾向在唐代已初露端倪，宋元以后更是成为玉器发展的主要趋势。魏晋以前的玉器，除装饰功能外，或服务于原始宗教，或象征等级，或宣扬伦理道德，怪诞的龙螭鸠凤、诡秘的云雷蒲谷等神秘纹饰，构成了超越现实的理想化境界。这种玄妙莫测、含义特殊的玉器长期以来一直为统治阶级所垄断，不可能被民众理解和接受。因此，为适应新形势下新的需求，玉器注定要走上世俗化的道路。宋代玉器正是在这种背景下显现出新的气象。它摒弃了前代玉器凭空想象的做法，转而以日常生活中最常见的题材进行现实主义的创作。伴随商品经济的发展，民间琢玉业兴旺，其主要的消费对象已不完全是高官显贵和文人雅士，而是文化水平不高但对玉器痴迷的社会富裕阶层。在这种情况下，宋代出现了大量能满足民众需求的世俗化玉器，如"子孙昌盛"、"连年有余"及"持荷童子"等题材的玉器。

　　"持荷童子"是当时流行的一个题材，与佛教传说中"鹿母莲花生子"的故事有关。故事的大意是：很久以前，西域波罗奈国仙山上，一位名叫梵志的人经常在山石上小便，一只雌鹿舔食他的便溺而怀

宋·玉童子持莲饰
玉色白中泛黄。童子身穿短衣肥裤，交脚而行，左手持莲，右手牵绣球，表达了人们对幸福生活的企盼。

孕，生下一女，梵志将女儿收养。女儿长大成人后，被当时的国王
娶为第二夫人，后来怀胎，却生下一朵千叶莲花，莲花的每一片叶
子上都有一幼童。这些幼童被抚养成人，个个都力大无比，成了有
用之才。于是民间就有了这样的说法，小孩佩"持荷童子"，有健
康成才之兆；成人佩"持荷童子"，则能莲（连）生贵子。这种题
材的玉器，表达了人们对幸福生活的企盼。

　　宋代玉器在向世俗化倾向嬗变的同时，向艺术化方向发展
的趋势亦十分明显，这既是宋代文化艺术发展之必然，也是当时
知识阶层赋予玉文化的新内涵。从唐代开始出现的花卉纹玉器在
宋代得到了长足发展。宋人常常以自然为对象抒发和表达个人的
人生理想和民族价值观念。因此，大自然成了人们言志抒情的对
象，一些自然景物成为人类情感和精神的外现，并逐渐形成了一
些比较固定的比附关系，如梅象征傲岸，竹象征节操，莲花象征

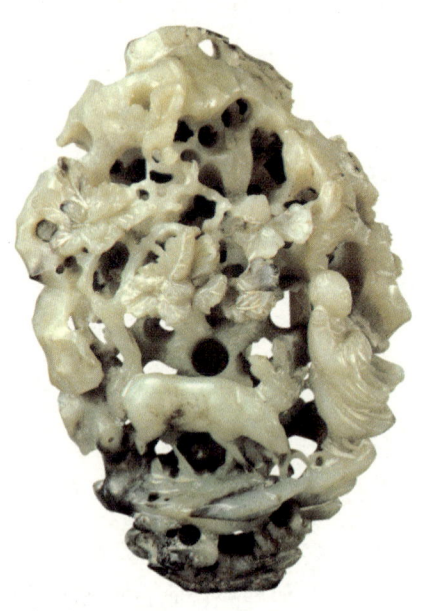

宋·青玉人物山子

脱俗等。这种意识观念和文化环境，使得宋代玉器不再像唐代玉器那样通过豪放的造型和激扬的情调对现实进行讴歌，而是以清新秀丽的造型和风花雪月的情调来描绘生活之美。这种细腻纯真、意境高雅的文人格调赋予了宋代玉器具有一种清新、自然、恬静的含蓄之美。

现藏于故宫博物院的青玉人物山子，就是一幅优美的立体玉雕图画。这件以青石玉琢制玉山子呈不规则的椭圆形，以圆雕、镂雕、透雕等技法绘老者与侍者二人，间缀山石、流水、松树、牡丹、龟、鹤、鹿、香炉等景物。整个作品图纹生动写实，内容寓意吉祥，是宋代同类器物中最为精美的一件。

宋代玉器在继承唐代玉器成就的基础上，又吸收了同时期辽、金玉器中有益的成份，达到了生活和艺术的高度统一。宋玉出神入化的镂雕技术、栩栩如生的花鸟图案以及别开生面的仿古玉器都对后世玉器产生了深远的影响。

辽代玉器

辽代（907—1125），是中国东北辽河流域契丹族建立的地方政权。辽代玉器种类不多，无外乎玉带、玉佩、玉器皿等，还有一些佛教玉器，它们表面平淡无奇，实则韵味无穷。辽代崇尚和田玉，并将玉与金银宝石兼互使用。其造型也是不拘一格，肖生类玉器神态自然，不以夸张怪异的形态哗众取宠，日用玉器皿不以繁缛纹饰渲染陪衬，其创作题材更是采用日常喜闻乐见的事物，这种淡雅写实的风格，形成了辽代玉器的独特风格。

如果说两汉是使用和田玉的第一次高潮，那么，辽代就是和

内蒙古自治区辽代陈国公主墓出土的玉组佩，通长14.8厘米。

田玉应用的又一个高峰期。辽代的装饰品大多采用和田羊脂玉，选材极为慎重严格，所选玉料皆纯洁无瑕、白如雪肌、润如凝脂。1986年内蒙古自治区辽代陈国公主墓出土的几套动物和工具造型的白玉佩饰，可视为辽代玉器风格的典型代表。其中，有一套龙凤鱼形佩，玉料为和田玉，由龙、凤、飞鱼等六件做工精美的玉饰与金链串合组成。出土时，置于公主的胸腹部。还有一套比较独特的工具形佩，各件工具长宽分别为5.8、8.2厘米，也以和田白玉为料，由玉刀、锥、锉、勺、剪、觿等几件光素无纹的玉工具和一件莲花形扁平玉饰与金链串合而成。出土时，置于公主金銙带上，当为公主生前佩戴之物。

辽代玉器中的佛教艺术题材，主要有飞天、摩羯与迦楼罗神

内蒙古自治区辽代陈国公主墓出土的工具形佩。

鸟三类。除飞天是唐代玉器的延续外，后二种皆是创新形式。摩羯是一种龙首、鱼身，并长有双翼的神兽，又称鱼龙，是随着佛教的传入而产生的一种新形象。在印度神话中，摩羯是一种长鼻利齿、鱼身鱼尾的动物，它被认为是河水之精、生命之本，经常出现在古代印度的雕塑绘画中。随着时间的推移，摩羯纹与中国的神话故事相融合，形成鱼龙纹，成为中国唐代以后较为流行的一种装饰图纹。迦楼罗神鸟也是随佛教传入中国的，其造型多为圆形浮雕，正面主要突出颌下的手臂和人的头部，两侧是平展的双翅，体后有漂亮的扇尾。在印度神话中，迦楼罗神鸟是一种怪鸟，传入中国后被称为金翅鸟。此鸟以龙为食，威力无穷，属护法神，能赐予人们吉祥和幸福，备受佛教徒的喜爱。

辽·青玉摩羯佩

玉料为青白玉，摩羯口衔一球，作展翅飞翔状。

辽·青玉迦楼罗神鸟

金代玉器

　　金代（1115—1234），是宋代东北地区女真族建立的封建王朝。金代独特的花鸟纹女真族佩饰玉，其工艺在保留本民族特色的基础上，上承辽代玉器的传统，同时深受宋代玉雕工艺的影响，艺术风格独具特色。金代玉器内容丰富，层次分明，较之于宋代玉器丝毫不显逊色，其题材除宋玉中最常见的花鸟形象，又

备猎图

画中的五个男子，分别袖手、擎海东青、捧靴、抱琴、握弓。画面描绘了女真族即将出发春猎的场景。

金·青玉鹘攫天鹅佩（春水玉）

通体镂雕一天鹅藏于荷花叶中，一海东
青俯冲而下，作追逐状。

增添了极富民族传统特色的鹰鹘雁鹅、虎鹿山林等画面。比例恰当，形神兼备，具有很高的艺术价值。

金代玉器最有特色的要数"春水"玉和"秋山"玉，前者鹘擒雁鹅春草间，后者虎逐群鹿秋山中，反映了金人的狩猎活动。"春水"和"秋山"玉起源于契丹族的春秋捺钵，文字记载始见于金。

"春水"玉，是表现契丹女真族渔猎生活的一种玉器。契丹是北方的游牧民族，他们将春季进行的狩猎活动称为"春捺钵"。女真族建立后，将"春捺钵"称为"春水"。海东青是一种鸟，是这一活动的主要参与者，被北方少数民族视为神鸟。春水玉的主要内容就是表现海东青捉天鹅或大雁的场面。这一场面有文献作过专门的描述：每年正月上旬，皇帝率猎队出发，经过

金·双鹿形玉佩（秋山玉）
整块玉呈三角形，中心是两只小鹿，似一雄一雌，前者作回首状，后者引颈向前作行走状。双鹿上方雕有一只雁。

几十天的跋涉，到达东北长春的鸭子河畔，安营扎寨后，晨出暮归，进行狩猎。皇帝在高远处观察猎物的动向，一旦发现有鹅，便举旗示意，鸣鼓惊鹅，等鹅飞起后，侍从向皇帝进上海东青，并放之追捕。海东青发现鹅后，立即扑上去啄其首，侍卫用刺鹅锥将鹅刺死，取鹅脑喂食海东青。皇帝得到第一只鹅后，即大宴群臣。这种活动一般要持续到春去夏来才结束。春水玉以这一场面为题材，表现海东青捕捉天鹅时那惊心动魄的场面。那些随风飘动、翻卷自如的荷花蔓草，仓惶藏匿、躲避追击的天鹅，小巧敏健、凶猛的海东青，皆被刻画得惟妙惟肖。这种情景交融的生动画面，浓缩了北方民族游弋射猎的生活情景和文化形态。

女真族在春天举行完春水狩猎活动后，到了秋天还要进行秋山围猎活动。"秋山" 玉表现的就是女真族秋季狩猎、射杀虎鹿的情景。每到深秋时节，皇帝都要率众进行射虎杀鹿活动。秋山玉的题材多为虎鹿山林，间有山石、柞树。有的虎鹿并存、有的双鹿伴游，有的虎藏树丛，更多的是山林群鹿图。秋山玉场面不像春水玉那样残酷激烈，画面多显现山林野趣、兽畜共处、相安无事的场景，一派世外桃园的北国草原风光，反映了金代女真族向往太平的民族情感。

金代女真族佩饰玉较为发达，以花鸟纹为多见，常见的有绶带鸟、龟巢、荷叶佩等题

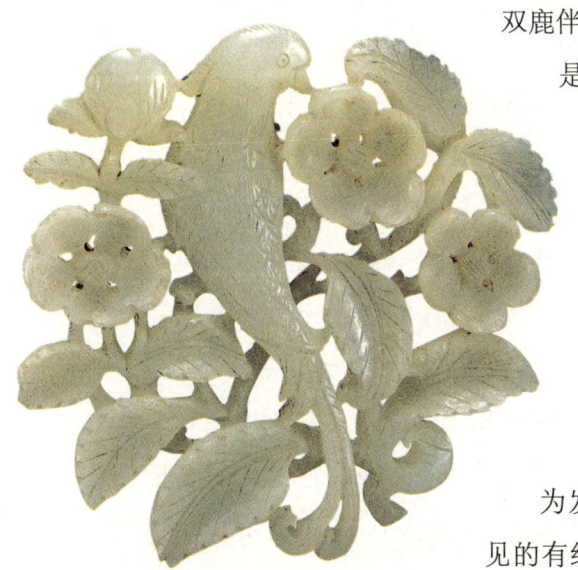

金·绶带鸟花形玉佩

材，北京市丰台区王佐乡金代墓就出土了这类玉器。其中一件绶带鸟花形玉佩，直径6厘米，白玉琢制，画面为一只绶带鸟停立于花丛中，造型优美，意境清新。绶带鸟是一种飞禽，因"绶"和"寿"谐音，故绶带鸟是福寿的象征，绶带鸟停驻花枝寓意着春光长寿。另外一件龟巢荷叶形佩，长10厘米，宽7厘米，青玉琢制。图案为两只乌龟停留在荷叶上。古代称这种纹饰为"龟游"，寓意祥瑞长寿。

元代玉器

元代（1206—1368）是蒙古族于1206年建立的国家，1271年忽必烈（1260—1294在位）定国号为元，1279年灭宋，建立了统一的多民族国家。元代在大都、杭州等地都设有官办玉器作坊，专门生产宫廷用玉，同时，民营玉器作坊也蓬勃发展起来。元代玉器继承并发展了宋、金高超的镂雕工艺，同时浮雕技法也运用自如，图案纹饰主要有花鸟、山水、螭虎、海兽等。有些玉器还有一种不拘小节的特色，表现在对器表的琢磨一丝不苟，但在其侧面，内壁或底部则不予琢磨，略显粗糙。

元代玉器分为粗作和细琢两部分。其中，粗作的器物粗犷大气、刀法浑厚，颇具古风，是北方民族豪放性格的写照。元世祖忽必烈在建都北京时，为满足饮酒作乐的需求，不惜代价，用数千斤重的玉料做了一个专供御宴喝酒用的巨型储酒器——"渎山大玉海"。它高70厘米，口径135至182厘米，最大周围493厘米，膛深55厘米，重3500公斤，可储酒30余石（约1800公斤）。玉质青白中带黑色，体外周身浮雕着波涛汹涌的大海和浮沉于海水中的

元·渎山大玉海

蛟龙、海马、飞鱼、海犀、海螺等，形态各异，栩栩如生。几百年后，"渎山大玉海"的膛内阴刻了清朝乾隆皇帝（1735—1795在位）御制诗三首及序，其序概括了"大玉海"的形状与经历。

　　该器原放在北京北海万寿山顶的广寒殿，广寒殿被毁后，迁至紫禁城东华门西南的真武庙、石钵寺等多处。最早，它是忽必烈的御宴的酒器，明末变成佛钵，最后用作道士的菜瓮。清乾隆十四年（1749），乾隆皇帝以千金买来，置于北海承光殿前"玉瓮亭"内至今。"大玉海"是目前所知最早的大型玉雕，距今已有600余年历史。它是中国琢玉工艺"量料取材"和"因材施艺"的典范，同时在"俏色"方面也处理得恰到好处。它的形体厚重古朴，纹饰粗犷豪放，雕琢细腻精致，巧夺天工，具有强烈的神秘感和浪漫色彩，是一件划时代的艺术珍品。

　　元代玉器在器形上也有了进一步发展，玉炉顶是其中之一。北京市元大都遗址出土的一件玉炉顶，以青玉琢制，高3.5厘米，

元·玉炉顶
北京市西城区元大都遗址出土。

宽3.7厘米,整体多层透雕，其鹭鸶衔莲的造型，有吉祥长寿的寓意。这件器物外表打磨精致，内壁却粗糙不堪，反映了元代玉器的制作特色。

明代玉器

明代（1368—1644），民间赏玉之风盛行，玉器发展很快，琢玉也日趋完善，许多玉器都集装饰、鉴赏、实用为一体。玉礼器明显减少，生活用玉日益增多，并不断向生活的各个方面伸

佩带玉带的明神宗朱翊钧

展。在礼仪玉中主要有刻有乳丁纹的吉璧，琢有华美纹饰的玉带銙、玉组佩。装饰玉中除带钩、首饰外，绝大多数是玉佩和玉牌子。佩玉在当时也成了市民阶层的普遍习俗，不仅佩挂在身上，还缝缀于衣服上。至于吉祥的玉摆设、高贵的玉用具就更多了。还出现了许多创新品种，其中较多的是香炉、文具、茶具等，外形沿袭宋代传统，表现为瓜果虫豸、飞禽走兽等图案，但制作得更生动，更精细。

明代商品经济的发达，市民阶层不断扩大，使社会对玉器的需求日益增大，从而带动了玉雕业的蓬勃发展。当时无论官营作坊，还是私营作坊，都极尽华

明·金蝉叶形玉饰
由金蝉、玉叶组合而成。在一透明扁薄的玉叶上，一只金光闪烁、形神毕肖的蝉在栖息。

明·青玉英雄合卺杯
形为双筒相连式，圈足。上饰回纹、谷纹和云纹等纹饰。鹰和熊夹于
双筒之间。"合卺杯"是一种婚礼用杯，是新人喝同心酒的用具。

贵精细之能事，以满足市场的需求。材质优良的和田白玉，精雕
细琢的工艺，多姿多彩的造型与纹饰，造就了许多精品玉器。同
时，玉器与金银珠宝的镶嵌工艺，盛极一时。皇帝国戚和达官显
贵似乎已不满足玉器本身单一的色调，他们将玉器与金银融为一
体，在金银工艺上再镶嵌玉，留下了大批镶嵌金银珠宝的玉器，
最具代表性的是明定陵出土的金托玉爵杯、金镶玉簪等器物。尽
管中国金玉镶嵌器物由来已久，但将玉与宝石、金银合为一体的
器物，直到明代才出现。

　　明初，郑和（1371—1435）下西洋，海上贸易异常活跃，中

国在大量输出瓷器和丝绸的同时，也换回了许多奇珍异宝。明帝陵及王公贵族墓中，出土了各类宝石，有红宝石、蓝宝石、祖母绿、猫眼等，这些名贵宝石大多从斯里兰卡输入中国。北京市昌平区十三陵定陵地宫出土的玉器中，大多都镶金嵌宝，以金托玉爵杯和镶玉宝石金簪最为精美。金托玉爵杯，通高11.5厘米，青白玉琢制，元宝型的爵杯置于嵌满红、蓝宝石的金托之上，整器取意"寿山福海"、"万寿无疆"；镶玉宝石金簪，通长13.5厘米左右，选用洁白无瑕的白玉作为主体装饰材料，玉片雕刻成花朵变形的"寿"字，周边嵌以宝石、猫眼石、珍珠等组成"寿"形簪顶。整器

明·金托玉爵杯

工艺精湛，珠光宝气，华贵至极。

在明代，工匠地位相对提高，玉器蓬勃发展。拥有一技之长的制玉匠人是中国古代璀璨玉文化的重要创造者，然而他们并没有因此获得相应的社会地位和尊重，相反却一直生活在社会的最低层。从商周到元代的制度，工匠始终由官府统一管理，单独编立户籍，常年为统治者劳作，以微薄的收入养家糊口，并且子孙世代相袭，不得擅离，社会地位极其低下，这对工匠的生产热情有着极大的制约作用。到了明代，随着封建人身束缚关系的普遍

明·镶玉宝石金簪

减弱，制玉匠人的身份和地位才有了相应的提高。

明代有北京、南京、杭州、苏州等几大制玉基地，以苏州最为著名。玉工技艺高超，名匠荟萃，陆子刚就是其杰出代表。他是嘉靖、万历年间的苏州名匠，当时"名闻朝野"，其作品飘逸俊秀、巧夺天工，他在玉器史上首开制玉者留名落款的先例。子刚款常刻在器底或侧面，款识有三字"陆子刚"，也有二字"子刚"，有篆体也有楷体。这既是受明代文人书画钤印款识的影响，也是明代玉器生产繁荣的标志，因款识具有商标性质，是玉器高品质的标志。关于陆子刚制玉留名落款，民间还有一个传说：

皇上想让陆子刚为自己制作一把玉壶但是不能在上面留名，陆子刚向来不留名字就不雕，但抗旨会被砍头。无奈陆子刚接了圣旨。他想了很久，最后雕了一匹马。做好以后，呈给皇上看。皇上很仔细地看了一遍，发现上面没有落款，而且做工精细，非常满意。可惜后来还是被一个大臣看出了端倪，原来陆子刚在马

明·青玉婴戏图壶

壶体腹部两侧内饰婴戏图。口上有盖，盖上琢立狮钮。狮钮的下方镌"子刚"二字款。落款处理地非常隐秘，如不是盖钮日久脱离，不会被发现。

耳朵里刻下了"子刚"的落款。尽管皇帝当时没有治罪，但陆子刚还是触犯了天威。

由于世俗文化深入民心，加之民间用玉需求的大增，宋代（960—1279）以来出现了大量反映民俗、民意题材的玉器，包括生活习俗、传说故事、宗教信仰、吉祥观念等。这种民俗文化，植根于民间，有着深厚的民族基础，明代时逐渐为王公贵族和文人雅士所重视，大量地出现在玉器图纹之中，就连宫廷玉器中，也常见福禄寿三星、八仙人物、鲤鱼跳龙门、婴戏杂耍等民间吉祥图案。明代的玉器作品，无论是宫廷用玉还是民间用玉，都具有一种纯朴的生活气息。

从故宫博物院两件玉雕中可以领略明代玉器浓郁的生活气

97

明·羲之爱鹅图玉饰

息：一件是明代"羲之爱鹅图"玉饰。它长10厘米，呈扁平长方形，以青色玉制成。王羲之（321—379）是东晋杰出的书法家。相传他从鹅行水中悟出用笔的方法，故爱鹅成癖。一次，他听说山里有位道士养了一群好鹅，便前往观看，并想高价买鹅，碰巧道士也爱他的书法，要他写一部《道德经》来换，羲之欣然同意。这件玉雕就是以这个传说为题材而雕制，正面浅浮雕一老一少两人，其中长者即王羲之，他正聚精会神地观看书童边上昂首翘尾的鹅。画面构图饱满、线条流畅。另一件是明代玉"番人进宝船"，高11.5厘米，长29.5厘米，宽8厘米，青色玉。船身如一凹形古木，上有九人，除一人划桨外，其余各持一物，分别为犀角、如意、绣球、灵芝等。这些人服饰多异，形似"番人"。船首还有狮、象两种动物，船中立一双螭耳大扁瓶，船尾一参天古松上立有两只仙鹤。这些番人及其手持之物，皆有寓意。比如，犀角、绣球属珍宝，寓意富贵；灵芝、松鹤寓意长寿；"瓶"与

"平"同音，寓意平安。此作品暗含了多种吉祥语。如"番人进宝"、"群仙祝寿"、"太平有象"、"事事如意"、"长命富贵"等等。这种借吉祥语表达情感的做法始于宋代，盛于明代，这件玉器就是"图必有意，意必吉祥"民俗形式的最好表现。

明代收藏古玉之风比宋代更浓，特别是明晚期，随着资本主义萌芽的产生，工商业经济空前发展，市民阶层崛起，一些富商巨贾为了附庸风雅显示才学，争相购买文玩书画，古玉也是其中的重要内容。在这种市场需求下，玉工们为了投其所好，谋取利益，大量制作仿古玉来满足市场需求。

清代玉器

【造办处】
始立于康熙，设于朝廷的内务府下，负责各类活计的承做，专门供宫廷皇家御用。造办处最鼎盛时期下设42个作坊，每个作坊都荟萃全国各地的能工巧匠，其活计囊括了朝廷日常生活中的各个方面，从吃的、穿的，到用的、休闲的应有尽有。当时民间把这个造办处叫做"百工坊"。

清朝（1616—1911）是中国最后一个封建王朝，由满族人建立。在中国古代社会，帝王的某种爱好或倡导往往会形成这个时期的一种社会风气。玉器在清朝就得到了乾隆皇帝的极力推崇。清王朝建立不久，宫廷就设立了造办处，内设专门为皇室人员制玉的部门。乾隆皇帝喜好玉器，在玉器制作上投入的人力、物力和财力超过了历史上任何一个帝王。同时，他酷爱收藏古玉，于是群臣纷纷搜集进贡，带动了整个社会收藏古玉的热潮。目前北京故宫收藏的上万件清廷遗存古玉器，多数为乾隆皇帝所收藏。乾隆不仅收集，还亲自参与玉器的鉴别和定级，每得到一件珍贵玉器，还要题诗赞咏，据统计，乾隆御制诗中，赞咏玉器的就有近800首。乾隆皇帝一旦发现做工较粗糙的古代玉器，还会指令造办处加工改造。乾隆皇帝格外重视宫廷的玉器制作，亲自过问造办处玉

乾隆皇帝喜好玉器，其御制诗中，有近800首为咏叹玉器之作。

工配备情况，在他的影响下，许多宫廷画家都为玉雕制作进行设计和画样，极大地提高了玉器的艺术水平。清代宫廷玉器件件美轮美奂，乾隆皇帝委实起到了不小的作用。

清代玉器有早、中、晚期之分。早期玉器数量少，造型基本保留晚明遗风，清代中期包括康熙、雍正、乾隆、嘉庆等时期，玉器发展极快。主要玉器品种有礼仪用玉，如清代官员的翎管、顶子、朝珠、帝后用的玺，祭祀用的圭、璧、磬等；装饰品，如男性用的带钩、带扣、扳指，女性用的簪、佩等；陈设器，如玉

清·碧玉"皇帝奉天之宝"玺

皇帝御案必备文房四宝,用于批阅奏章。图为玉笔管、玉笔筒、玉墨床、玉臂搁和玉镇纸。

清代妇女头饰。玉质洁白，表面光素无纹，两端粘嵌对称的花草，图案由鲜艳宝石组成。

山子、如意、仿古玉、圆雕动植物和人物等；生活用具，如香熏、花插、各种饮食器等；此外还有文房用品以及宗教玉器等。到了清晚期，玉器主要为市民服务，用于佩戴把玩。

乾隆平定西部叛乱之后，新疆玉料便以前所未有的规模大量输入内地。乾隆二十五年（1760年）以后，宫廷每年可收和田贡玉2000公斤，如遇特殊需要还另行开采。此外，民间也大量开采和田玉料，这为清代玉器的大力发展提供了玉料保证。

清代玉器，不论是宫廷玉器还是民间玉器，其造型纹饰，都是社会生活各个层面的体现。在造型方面，多见葫芦形、花卉形、白菜形、鱼形、羊形、螃蟹形等，与大众生活息息相关。纹饰方面，常见花鸟纹、山水人物纹、童戏纹、梅竹纹、十二生肖纹、蝴蝶纹、鸳鸯纹等，这些内容贴近自然，生动而纯朴。

清代，中国城市经济高度繁荣，市民阶层迅速扩大，玉器的服

清·和田青玉坐佛像
法相面容慈悲庄严、比例适度，为清中期高手琢制。

清·和田白玉双蟹镇纸

务范围也进一步扩大，玉料产地日益增多，产量逐步增长，制玉技术也取得了重大突破，这些都为玉器的进一步发展奠定了物质和社会基础。清代玉器既吸收了前代玉器的优秀传统，也借鉴了同时代的绘画、雕塑、金银加工等表现手法，将阴刻、阳线刻、圆雕、浮雕、镂空等工艺融会贯通，达到了炉火纯青、出神入化的艺术境界，其数量之多、用途之广、造型之巧、雕琢之精、纹饰之美前所未有，令人叹为观止。其中以乾隆时期最为辉煌。清代是继汉代之后玉器发展的又一个高峰，也是集历代玉器之大成的鼎盛时期，在中国古代玉器史上占有举足轻重的地位。

说清代玉器匠人的技艺水平巧夺天工，技惊神鬼，一点也不为过。他们不但创造出了堪称人间奇迹的"大禹治水图"玉山等大型玉雕，而且还能匠心独具地因材施艺，甚至能变废为宝，其中最典型的代表就是"桐荫仕女图"玉饰。

清·桐荫仕女图玉饰

现藏于北京故宫博物院的"桐荫仕女图"玉饰，高15.5厘米，宽25厘米，纵深10.8厘米，原料为新疆和田玉，外表局部有橙黄皮色。器物中间是一月亮门，上嵌半掩半开的半月形门两扇，门内外各立一名身着长衫的少女，一人手持鲜花，一人双手捧盒，透过门缝作相互观望状。玉质的白色和橙黄的皮色，被巧妙地琢制成茂密的桐荫蕉丛、垒石假山和石桌石凳，呈现出一派江南庭园的美丽图景。器底平而光素，上刻乾隆亲笔"御题"诗和"御识"文。据诗文可知，这件玉器是乾隆三十八年（1773年），由苏州玉工制作的。它的玉料本是制碗后剩下的弃料，被聪颖的玉工加以利用，根据残料的形状及皮色，运用巧思雕琢成了这件艺术价值非凡的珍品。难怪乾隆在得到这件玉器时，赞颂苏州玉工此举比起卞和献"和氏璧"的功劳，还有过之而无不及。这件玉器可谓中国玉器史上巧夺天工、出奇制胜的典范。

清·大禹治水图玉山(局部)

　　清宫遗存的"大禹治水图"玉山、"会昌九老图"玉山、
"关山行旅图"玉山、"丹台春晓图"玉山等，轻者数百斤，重
者数吨。这些不朽的大型玉雕巨作，从选料、设计、画样到雕琢
成型，无一不是一项庞大的系统工程。清代玉工将它们琢制成
功，完美地彰显了泱泱帝国风貌，谱写了中国琢玉史上的壮丽篇
章。世界最大的巨型玉雕——"大禹治水图"玉山就是这一辉煌
成就最大限度的彰显。

　　"大禹治水图"玉山，高224厘米，最宽96厘米，重达5000
余公斤，玉料呈青色，通体立体圆雕。器周琢重山峻岭、流泉飞
瀑、古树苍松，在险峻的悬崖峭壁上，聚集着成群结队的人在开
山劈石。他们有的锤钎凿石，有的镐刨砂砾，有的提石打桩，一

清·大禹治水图玉山

派繁忙的劳动场面。正面中部山石处，阴刻"五福五代堂古稀天子宝"十篆书方印，背部下方有"八征耄念之宝"六篆书方印，上方阴刻乾隆题《密勒塔山玉大禹治水图》楷书七言诗并夹自注及铭文千余字。据刻文可知，这件玉山的材料取自新疆和田一带的密勒塔山，图稿摹自清宫旧藏宋代画轴。乾隆制此器的目的是在歌颂夏禹治水功德的同时，也显示自己的功绩。据载，此器由江苏扬州玉雕大师耗时十年制成，于清乾隆五十三年（1788年）最后完成，置于紫禁城乐寿堂内，直至今日。据考证，玉山用工逾几十万人次，花费银两数以万计。它是中国各族人民力量和智慧的结晶，是一件无与伦比的艺术珍品。人们望着这件举世无双的玉山，常常惊问：这样大的玉料是如何从新疆的密勒塔山开采出来，又如何运至北京的？据考证，此器玉料原在密勒塔山山顶，采掘时，先凿掉石璞，玉料取出后，玉工用绳把玉料从山顶一段一段坠至山下。为了运输，特地制作了一辆大板车，前用数十匹马拉，后有几百人推，逢山开路，遇水架桥；冬天则泼水冻冰成路。每天行程五六里，共用三年多才运至京城。抵京后，再用船通过京杭运河运到扬州进行制作。至于制作的详细情况今已无从可考。只知先做一个木制模型，玉工琢器时，在玉料的周围搭一个可上下左右活动的架子，数十人日夜轮流加班，按模型慢慢琢制而成。此玉山琢制成功堪称中国制玉史上的奇迹。

中国古玉在乾隆时期登上了艺术的巅峰。此时，一种外来玉器异军突起进入清朝宫廷，并对宫廷玉器和民间玉器产生了很大影响，这就是乾隆皇帝赞叹和推崇的痕都斯坦玉器，简称痕玉。这种具有伊斯兰艺术风格的痕玉，最典型的特征就是器薄，透明度高。痕玉的玉料多为新疆和田青白玉，造型多为实用器皿，主

清·和田白玉错金嵌宝石碗

玉质洁白无瑕，花瓣式足。外腹下嵌金片为枝叶，并在花朵上嵌红宝石，足内饰嵌金片花
卉纹。此碗是仿痕都斯坦玉器巨作，为乾隆皇帝庆典时御殿赐茶之用。

要有盘、杯、碗、壶、盂等类。其外形多模仿花、果、叶等植物
造型，也有少数为动物造型。痕玉多采用平面隐起的浅浮雕，琢
磨极为细致，不留丝毫琢痕，并经常在器壁上嵌饰金银细丝或玻
璃、宝石等，以突出器物的华贵感。在乾隆皇帝的授意下，清宫
内务府造办处特设仿制痕都斯坦玉器的专门部门。

　　康乾盛世，再度掀起中国历史上的收藏热。萌芽于宋代的
仿古玉至此已达到登峰造极的境界。清代仿古玉盛行的原因有多
方面，一方面来源于皇帝的个人喜好，另一方面也是明清以来复
古思潮泛滥，厚古薄今成风，效法古制成为一种时尚。清人好古
风，喜欢留下玉料原有的皮色，如果玉材上没有皮色，有时还要
特意烤上一层类似的黄皮，这表现出清人对古玉俏色及沁色的浓
厚兴趣。这一留皮风潮，影响一直至今，而且有愈演愈烈之势。

　　翡翠器的出现是清代玉器中的一件盛事。由于中国不产翡
翠，故翡翠器十分名贵。18世纪翡翠经缅甸传入中国后，便以其
细腻坚韧、清澈晶莹、含蓄端庄、气息神秘而备受珍视，成为上
自宫廷、下至庶民钟爱有加的奢侈品。翡翠包括装饰、陈设、文

房、实用等方方面面，是晚清玉器百花园中的一朵奇葩。慈禧太后（1835—1908）对翡翠情有独钟，在她居住的长春宫里随处可见各种翡翠玉器用品。她饮茶用的是翡翠盖碗，吃饭用的是翡翠玉筷，头发上插的是翡翠簪子，手指上戴的是翡翠戒指，手里经常把玩的是一颗翡翠白菜。她把翡翠称为"皇家玉"。相传慈禧太后在颐和园里有一个珠宝房，四面摆着檀木方橱，盛着大大小小的玻璃锦盒，这些用绣缎包裹的精致盒子里边装满了各式各样的珠宝。在这成千上万的宝物里，她最喜欢的是一对翡翠西瓜。这对翡翠西瓜巧用了翡翠的绿色、红色和黑色，据说，西瓜翠绿的瓜皮上还带着墨绿的条纹，瓜里的黑瓜籽、红瓜瓤也依稀可辨，可见大自然的鬼斧神工和玉工的精湛技艺。慈禧不仅生前大量收集翡翠，她死后用于陪葬的翡翠数量也惊人。据清室后来披露，慈禧墓中，她的脚旁放有前面提到的翡翠西瓜两只，青皮红瓤，煞是可爱；翡翠甜瓜四只，其中两只为白皮黄子粉瓤，两只为青皮白子黄瓤；头顶有一翡翠荷叶，如天然物品一样。另有27尊翡翠佛、十个翡翠桃子、两棵翡翠白菜，绿叶白心，菜心上还雕有绿色蝈蝈。慈禧以一人之力，开创了中国喜尚翡翠的局面，这种局面一直影响到今天。

清·翡翠白菜

工匠巧妙地利用翡翠原料中绿和白二色雕成翠玉白菜一颗。此乃清代翡翠器中的佼佼者。

　　光辉璀璨的清代玉器为中国古代玉器划上了一个圆满的句号。在原始、朦胧美感导引下出现的中国古代玉器，历经八千年的曲折发展，从简单的装饰品到为宗教、等级、道德服务，最终成为高层次艺术品的历程，深刻地反映了不同历史发展时期，不同社会意识形态下迥然不同的文化现象。

五彩缤纷的世界

——现代玉器

丰富多彩的中国玉器，既是工艺美术的精华，也是中国历史的见证，更是联系炎黄子孙感情的纽带。玉器的发展历程，见证了历史的沧桑变幻，折射出中华民族的追求和向往，也激荡着华夏子孙爱玉尚玉的不变情感，成为今人抒发对传统文化和民族精神眷恋之情的物质寄托。

19世纪末20世纪初，随着旧时代历史的没落，玉器艺术同其他各类文化艺术一样，遭受到严重的摧残。1949年以后，随着国民经济和科学文化的迅速恢复和发展，中华玉文化再次放射出奇光异彩。

从上个世纪50年代开始，北京、扬州、苏州、上海、广州、天津、南京、甘肃、河南、辽宁、新疆等省市，先后成立了玉器厂，数百名玉雕艺人也得到国家和社会的尊重，中国几千年的玉器艺术得到了传承和发扬。依设计和制作的不同风格，中国玉器形成了"北派"、"扬派"、"海派"、"南派"等四大流派。其中，"北派"为北京、辽宁等地区玉雕大师的风格，特点是浑厚庄重，高贵典雅。代表人物如以琢人物群像和薄胎工艺著称的潘秉衡，以立体圆琢花卉称奇的刘德瀛，以圆琢神佛、仕女像出名的何荣等；"扬派"为扬州玉雕所表现出的独特工艺，它讲究章法，琢制工艺精湛，造型古雅秀丽，风格轻柔俊秀，以巨形玉雕和山子雕最为著名，一些作品被国家作为珍品永久收藏；"海派"是上海玉雕大师的艺术风格，以雕琢精致高雅的仿古器皿及生动传神的人物、动物造型见长；"南派"为广州一带的玉雕风格，它在镂空雕，多层玉球和高档翡翠首饰的雕琢方面独树一帜。

"俏色五鹅图"是现代玉器大师王树森（1917—1989）的

北京老艺人王树森制作的俏色五鹅图。

代表作之一。一块呈现多种颜色的玛瑙，被巧妙地俏雕成五鹅啄食图，五只鹅围着食盆，或站立、或走动、或卧伏，有的在吃、有的在看、有的在叫，姿态各异、形象生动、极为传神。最令人惊奇的是，五只鹅身体的各个部位及食盆的颜色，都是利用原材料天然的颜色，表现得真实自然，几可乱真。鹅毛是灰色的，嘴和冠是红色的，眼睛是黑色的，食盆是灰白色的，而盆中的食物则是黄黑色的。要雕琢好这样形制复杂、颜色丰富的器物，其难度是可想而知的，王树森大师在仅四寸多的玉料上琢出了雌雄五

鹅，只只羽毛丰满、姿态生动、恰到好处。难怪这件作品被业内人士评为绝、俏、妙的代表作，堪称一件巧用料色的绝品。

随着科技水平的提高及人们审美情趣的变化，现代玉器所使用的原料又有了新的发展，经常使用的材料有和田玉、翡翠、岫玉、独山玉、蓝田玉、青金石、绿松石、孔雀石、玛瑙、水晶、琉璃、琥珀、珊瑚等，其中最为普遍、最受人们喜爱的是和田玉和翡翠。

和田玉作为中国玉文化的象征之一，近年来，优秀作品不断涌现。传统玉器产地的兴旺，新兴市场的崛起，带动了整个和田玉器的进步。雕工精美、立意新颖的上海和田玉雕作品将中国玉文化推向了一个新的高度。上海成为中国的和田玉交易中心，最高档的雕刻作品和原料都集中在这个城市里。

翡翠主要表现在装饰品上。中国人喜爱翡翠的绿色，绿色代表大地和生命。翡翠的绿色加上其细腻而透明的质地，与中国人的肤色十分协调，既显自然和谐，又能陶冶人的心灵。同时，翡翠作为陈设艺术品和礼品也非常得体，不仅能够增加环境之美，提高文化品位，同时其吉祥寓意还可以表达人们美好的追求和愿望。

中国传统玉器的种类和造型在现代玉器中大都得到保留和继承，但用途较之古代已迥然不同，再加上一些新时代的创新品种，现代玉器的种类可谓丰富多彩：

一是器皿类，俗称炉瓶类。以中国传统造型和纹样为主体，如仿古玉、古陶、古青铜器造型，在保持传统特色的基础上进行的创新，俗称"创古"。具体品种有三足炉、多层宝塔、花瓶、花熏、古彝、古盉、爵杯、古鼎及杯、碗、碟、盒等器物，造型追求古朴凝重、庄严古雅的美感。

二是人物类。以传统人物题材为主体，如神佛造像、戏剧人

模特展示玉器挂件。

物、民俗典故等富含吉祥寓意的内容。在以人物为主的画面中，间或辅以山石舟楫、园林花鸟等场景道具。造型追求传神、逼真、写实的艺术效果。

　　三是花鸟类。花类题材经常涉及的品种有牡丹、月季、玉兰、水仙、菊花等。鸟类作品常以凤凰、孔雀、仙鹤、鸳鸯、鸡

115

鸭等为素材。造型讲究玲珑剔透、清雅秀丽的意境。

四是走兽类。题材多采用传统的龙、螭、麒麟及现实生活中的狮、虎、马、鹿等。造型倾向于写实及依古变形,讲求威猛、神秘的效果。

五是其它类。范围比较庞杂,有文房类玉器如笔架、镇纸、水盂、玉砚等;佩饰类玉器,如串珠、手镯等;兵器类玉器,如刀、枪、剑、戟等;仿古礼仪器类玉器如圭、璋、璧、琮、琥、璜;日用类玉器,如碗、盘、杯、枕等;纪念品类,如奖牌、会议礼品等。这类作品以小件居多,风格大多简练、古朴。

现代玉器用途非常之广,它既是高品位的艺术品,满足人们欣赏艺术、陶冶心灵的需求,又是财富或货币的转化形式,满足人们保值、增值的需求;它既是身位、品位、财富的显示物,又是身价不凡的装饰品;它既是国家文化交流的一种媒介,也是个人之间相互馈赠的珍贵礼品;它既是精神财富的承载物,也是美好情感的精神寄托,满足人们追求婚姻幸福、健康长寿、吉祥如意的愿望。

今天,随着科学文化的发展,玉器的制作也是日新月异。玉器界不同流派之间互相取长补短,同时还吸收古代石窟艺术和西洋艺术之长,促使雕琢手法不断创新。在技术工艺上,除圆雕外,还出现浮雕、高浮雕等多种技法相结合的技术手法,发展了透雕、镂空雕、俏雕和镶嵌等技法。新技术、新工具层出不穷,从20世纪60年代发明取代传统水橙的玉雕机,到70年代改进的高速玉雕机,再到用于雕琢大型玉器的工业软轴、数分钟完成钻孔的超声波打眼机和激光打眼技术、能在玉器表面喷出纹样和文字的喷沙工艺、及"套碗机"、"掏膛机"等现代专用机具,使现代玉器工艺的发展突飞猛进。

现代化的玉器制作

　　2008年8月，第29届奥林匹克运动会在北京召开，作为北京奥运文化的重要载体，玉再一次向世人展现了中国文化的风采。两方奥运徽宝"中国印"，就是用新疆和田玉制作的，一方赠予瑞士洛桑国际奥委会博物馆永久收藏，另一方入藏首都博物馆。用和田玉雕琢的奥运"徽宝"，主体造型以存放在北京故宫博物院清代的25玺之首的"黄帝之玺"为蓝本，其玉文化的含义是多方面的：取玉之仁，润泽而温，代表奥运精神的博大包容；取玉之智，锐意进取，代表奥运精神的创新进步；取玉之勇，不屈不挠，代表奥运精神的"更快、更高、更强"；取玉之洁，纤尘不污，代表奥运精神的高尚纯洁。与此同时，奥运会的金、银、铜奖牌，分别镶嵌着白玉、青白玉和青玉，独特别致而又无比珍贵。此外，颁奖音乐也是玉振金声，以最优美的礼乐为奥运健儿加油，代表着中华民族对英雄的最高礼遇。中国玉文化的融入，

和田玉雕琢的2008奥运徽宝

使本届奥运会带有浓郁的中国特色和东方风情，充分体现了中国作为礼仪之邦的真诚好客，不仅代表中国人民对五洲宾朋的热烈欢迎，也蕴涵着中华儿女对世界人民的衷心祝福。在这一刻，古老的中国玉文化注入了新的内涵，焕发了青春。

在八千年的漫长旅程中，经过能工巧匠的精雕细琢，经过统治者的神化和使用，经过礼学家的诠释和美化，经过鉴赏家的研究和赏玩，中国玉器由普通美石衍变为具有超自然力量的神秘之物，并被打上宗教、政治、道德、价值的烙印，成为中华民族的精神寄托。中国玉器，已深深地融入中华传统文化中，也成为世界艺术殿堂的奇葩。

附录：中国历史年代简表

旧石器时代	约170万年前—1万年前
新石器时代	约1万年前—4千年前
夏	公元前2070年—公元前1600年
商	公元前1600年—公元前1046年
西周	公元前1046年—公元前771年
春秋	公元前770年—公元前476年
战国	公元前475年—公元前221年
秦	公元前221年—公元前206年
西汉	公元前206年—公元25年
东汉	公元25年—公元220年
三国	公元220年—公元280年
西晋	公元265年—公元317年
东晋	公元317年—公元420年
南北朝	公元420年—公元589年
隋	公元581年—公元618年
唐	公元618年—公元907年
五代	公元907年—公元960年
北宋	公元960年—公元1127年
南宋	公元1127年—公元1279年
辽	公元907年—公元1125年
金	公元1115年—公元1234年
元	公元1206年—公元1368年
明	公元1368年—公元1644年
清	公元1616年—公元1911年
中华民国	公元1911年—公元1949年
中华人民共和国	公元1949年成立